养育不好惹的小孩

让射向校园欺凌的"反抗之箭"蓄满力量!

〔法〕艾玛纽埃尔·皮奎特 著

唐 倩 译

北京科学技术出版社

读者须知

本书中所有的建议都由作者审慎提出。本书是不能代替药物或心理治疗的，如果儿童出现了严重的心理健康问题，请寻求专业的帮助。因本书相关内容造成的直接或间接的不良影响，出版社和作者概不负责。衷心希望每一位儿童都能度过健康快乐的校园生活。

TE LAISSE PAS FAIRE By Emmanuelle Piquet

Copyright © Editions Payot & Rivages, Paris, 2014

All rights reserved.

Simplified Chinese Edition arranged through DAKAI-L'AGENCE

Simplified Chinese Edition Copyright ©2024 by Beijing Science and Technology Publishing Co., Ltd.

著作权合同登记号　图字：01-2023-3472

图书在版编目（CIP）数据

养育不好惹的小孩/(法) 艾玛纽埃尔·皮奎特著；唐倩译. -- 北京：北京科学技术出版社，2024.8

ISBN 978-7-5714-3794-7

Ⅰ.①养… Ⅱ.①艾… ②唐… Ⅲ.①社会交往—儿童教育 Ⅳ.①G78

中国国家版本馆CIP数据核字(2024)第063693号

策划编辑：魏林霞	电　　话：0086-10-66135495（总编室）
责任编辑：胡　诗	0086-10-66113227（发行部）
责任校对：贾　荣	网　　址：www.bkydw.cn
图文制作：旅教文化	印　　刷：北京盛通印刷股份有限公司
责任印制：李　茗	开　　本：880 mm×1230 mm　1/32
出 版 人：曾庆宇	字　　数：138 千字
出版发行：北京科学技术出版社	印　　张：5.5
社　　址：北京西直门南大街 16 号	版　　次：2024 年 8 月第 1 版
邮政编码：100035	印　　次：2024 年 8 月第 1 次印刷
ISBN 978-7-5714-3794-7	

定　　价：69.00 元

献给我最棒的孩子们：朱丽叶、阿梅莉、范妮和雨果。

导　语

　　如果给家长转播小学和初中课间休息时的监控画面，也许大部分家长会对孩子之间的相处模式感到诧异。他们可能看到几个孩子组成小团体，然后制订并实行"帮规"，恃强凌弱。

　　大部分家长或多或少地意识到学校有时像一个危险的丛林，但他们只愿意勾勒出这样模糊的轮廓而不愿细想。

　　所有的家长都曾是孩子，都是校园欺凌的受凌者、施凌者或旁观者。然而，除非家长曾经很长一段时间内是校园欺凌的受凌者，否则很多家长似乎都对这种特殊的暴力视而不见。

　　在心理医生与家长们沟通的家长交流会上，每当听到那些具体的校园欺凌案例，家长们便陷入对往事的回忆中：那些曾受欺凌的家长再次被忧郁和恐惧支配；那些曾经施凌的家长面有愧色、坐立难安；而绝大部分家长曾经是一言不发的旁观者，现在他们垂下眼睛、依旧沉默。

根据我对家长的观察，绝大多数家长对校园欺凌事件抱有一种麻痹的态度：他们会下意识地、微妙地回避校园欺凌话题——这其实反映了一种群体无力感。当然，这只是我的一种感觉。家长好像只要咬紧牙关，对校园欺凌置若罔闻，就可以保护孩子不在校园里受到伤害。

然而家长这样做绝不会帮到孩子。孩子们如今在校园里学到的人际交往之道将融入他们成年后的生活。孩子们在最后一声下课铃响后走出校园，并不代表他们在他处的社交活动不会受到校园社交活动的影响。

为了走出校园欺凌的阴影并变得更坚强，每个被欺负的孩子都应当找到属于自己的方法。作为家长，我们可以借鉴其他人成功的经验以及思路并且与孩子共进退，而不是一味地保护孩子，成为孩子与世界之间的阻隔。

本书写给那些希望自己的孩子不再是校园欺凌的施凌者、受凌者抑或是旁观者的家长们——他们是曾经的孩子。同时，本书更面向那些对校园欺凌无能为力、深受其害并无法从暴力关系的恶性循环中逃脱的孩子们——他们是未来的家长。本书取材于我与受凌学生的心理咨询记录，他们都曾被校园欺凌折磨。为了保护隐私，书中的姓名和事件都有改动。我要感谢这些孩子，他们都是英雄！

目　录

第一部分

校园舞台剧：主要角色
及其行为准则

第一章

人生因童年和青春而精彩

巴斯蒂安和"反巴斯蒂安"小组

我面前这位体形肥胖、脸上有很多青春痘的 17 岁少年叫巴斯蒂安，他目光低垂，手指不停地攥紧衣服又松开，看起来十分不安。他的身旁一边是怒气难掩的父亲，另一边是悲痛且一言不发的母亲。

他的父亲质问我："去年在家长交流会上您说不要代替孩子采取行动，我们照做了。但事情一点儿起色都没有！学校里那些臭小子的所作所为简直是无法无天、卑鄙可耻！难道我们就放任他们不管吗？难道我们不惩罚他们吗？难道一点儿办法都没有了吗？"

我安慰他道："面对巴斯蒂安遭遇的一切，我和您一样愤慨。但我们如果不经过孩子的同意就插手这件事，恐怕只会使问题更严重。我知道，对一名父亲来说，眼睁睁看着自己的儿子被其他坏小子欺负却什么都不做，是一种巨大的折磨。但往好处想，我们因此有了更多的操作空间。实际上，是巴斯蒂安有了更大的回旋余地。我建议您先和巴斯蒂安商量一下解决办法，如果巴斯蒂安同意您插手，您再决定采取何种行动。"

我听到巴斯蒂安弱弱地说了声好。而后，我将他的父母带去休息室休息。

重新回到问诊室坐下后，我问巴斯蒂安："你所在的班级是我知道的最差劲的班级之一，但是我见过更差的。听说班里有人在社交平台上建了群，专门用来嘲笑你，是有这件事吗？"

"嗯，但也不是整个班的人都在这个群里。30个人里面只有21个在，包括我。"

"这样啊，那就是有三分之二的人参与了。那你每天大概会看多少次群消息？"

"我没数过，大概十多次。"

"这就像每天插自己十几刀，肯定很难受。但我知道你忍不住不看，换作是我，我也会这样做。"

"是这样，我爸爸本来想让我卸载那个社交平台的软件，但我妈妈坚持让我看完心理医生再做决定。如果我不知道他们在群里是怎么写我的，心情就会更糟糕，我感觉自己彻底失去了掌控力。"

"没错，本来你对整件事就没什么掌控力。"

"我爸爸让我感到很窒息。我不愿意他掺和这件事，我不想他来学校发顿大火或去找其他家长。这样会让我非常难堪，你也见识到了我父亲那火爆的脾气。"

"嗯，我理解你的想法。尽管我也理解你爸爸想教训那些欺负你和袖手旁观的同学们，但让他直接插手这件事确实不是个好主意。现在我得问问你，班上的同学在群里大体写了什么内容？我知道让你再回想这些内容是一种折磨，但是为了帮你，我必须知道更具体的内容。"

巴斯蒂安红着脸回答道："我也记不太清了……"然而，之后他像机关枪一样说出了一连串骂人的话："他们嘲笑我一无是处，谁都嫌弃我；说我是个废物，是满脸青春痘的胖子；在体育课上，他们偷拍我做运动，然后把母猪图片和我的照片拼在一起，嘲笑我和母猪是一对儿，这些拼好的照片还被他们传到了社交平台上。"

"哦，这样啊，那他们做照片似乎也花了不少时间呀。"

"没错，他们在这些照片上花了很多工夫。大家都觉得很好笑，纷纷留下评论。"

"你第一次被嘲笑不是在社交平台上吧？他们是不是早就开始欺负你了？"

"不是从网络上开始的。其实，他们在几年前就开始欺负我了。准确地说，自从我变胖后，他们就在学校里笑话我。我可以试着忘掉学校里的嘲笑，但社交平台上的帖子可以保留很多年。"

"你说的没错，在社交平台上嘲笑你的确更恶劣。不过你要明白，尽管他们在网络上的行为更复杂、对你造成的伤害更大，但关键依然是改变整件事背后的人际关系。因为控告或惩罚他们都隐含着另一个风险，那就是为了不会再次被抓住，他们可能换另外一种更加残忍、更加复杂的方式欺负你。如果发生这种情况，我会非常自责。而控告或惩罚他们就成了于事无补、火上浇油的行动。

"棘手的问题是，这些嘲笑你的同学非常狡猾且恶毒。为了阻止他们继续嘲笑你，你必须比他们更狡猾，这可不简单。你曾经试着阻止他们嘲笑你吗？"

"没有啊，我怎么敢回嘴呢？我只有一个人，他们可是20个人——我的两个朋友跟我不在一个学校。而且我敢肯定，不管我说什么，他们都会变本加厉地欺负我。"

"我完全理解你。嘲笑你的同学们是惯犯而且顽固不化，如果反抗他们，你会有危险。而且他们根本不害怕欺负你的后果，因为多年来他们一直这么做却没有受到惩罚，所以他们没有理由不继续欺负你。现在我来帮你，咱们也算是 2∶20 了。"

巴斯蒂安注视着我，然后无奈地说道："我真的不知道你要怎么帮我。"

"是这样的，我现在有个想法，但实施起来不是很容易，而且我不确定你爸爸会不会赞同这个想法。我需要你帮我说服他。"

巴斯蒂安因紧张而交织在一起的双手略微放松，也许是我那神探可伦坡一般的语气让巴斯蒂安松口了，他说："你说吧，我听着。"

玛农不想去上小学三年级

还有一周就要开学了。

玛农的妈妈有点儿发愁,因为女儿玛农不想为新学期采购文具并且声称自己不会返校,如果硬拉着她进校门,她就转身逃跑。最近这几天,不管妈妈怎么哄她,只要一提起上学的事情,玛农就开始号啕大哭并且拒绝任何沟通。

在她妈妈向我解释情况的过程中,玛农蜷缩在靠背椅上,两只胳膊交叉抱在胸前,眼睛紧紧盯着我的双脚。她妈妈特别向我解释由于家庭原因,今年不能给孩子转学。我向她表示感谢并送她到旁边的休息室休息。回到问诊室后,我也模仿玛农,在椅子上稳稳坐下后,目光阴沉地盯着她的脚看了大约一分钟。玛农轻轻地笑了。

我对她说:"你不想去上学一定有很正当的理由,但很明显目前你还没有成功说服你妈妈。我可以帮你。还是说,你想坚持用自己原来的方式说服你妈妈?你来决定吧。"

玛农收住笑容,一脸怀疑地问我:"你会帮我劝我妈给我转学吗？"

"我现在还不能答复你。作为'侦探'，如果没有掌握所有的信息，我是不会轻易接受任务的，因为这样很危险。"

这种美国联邦调查局般的回答似乎让玛农觉得我很奇怪，因为她委托我的"任务"应该没有危险性。

她对我说："是卡西奥佩。"

我回答："哦对，难怪呢！"

"什么？"

"卡西奥佩呀，那个坏女生。"

"你认识她？"

"那些仙女们跟我提过她。你应该知道，这个小房间的旁边就是仙女坊，她们专为那些遇到困难的孩子编写'咒语'，制作'反抗之箭'。"

玛农一脸笃定地说："对！我知道，是不是就在这条街的后面？"

"没错，就是那里。"

玛农一脸忧虑地问我："仙女们到底跟你说什么了？"

我佯装深沉地回答："到目前为止，她们还没有说有用的内容。我需要你告诉我更详细的信息。卡西奥佩到底干什么了？她长得漂不漂亮？她的成绩好吗？你和她说什么了吗？总之，你明白吗？就像侦探接受任务前那样，我需要所有的信息。"

"从二年级开始，卡西奥佩就开始对付我了，她说我是最丑的人，穿得破烂，长得像只青蛙，而且她永远不会和我做朋友，因为我长得丑。"

"真的吗？她什么时候说的这些话？在哪里？当着谁的面？"

"一般是在课间休息的时候，尤其是在上午课间和中午吃饭时，当着格拉迪丝、索菲娅和贝雷妮丝的面嘲笑我，有时候也当着其他人的面。"

"那你说什么了吗？"

"我现在什么也不说了。最开始我让她闭嘴，但她还是继续嘲笑我。后来，我找老师报告了这件事，老师批评了她。但在这之后她变本加厉了，她躲着老师欺负我，偷偷在我耳边说：'你这只打小报告的青蛙，你比我想象的还要丑陋。'"

"这样啊，所以老师的惩罚没起作用。"

"没用。妈妈说我应该把卡西奥佩的嘲笑当作耳旁风，但这也不管用，她会一直欺负我，直到我哭出来。"

"你经常哭吗？"

"偶尔哭。我讨厌当着卡西奥佩的面哭。她说我哭的时候更丑了。她说得确实有道理，我长得不漂亮，我哭的时候更是灾难现场。总之，我如果不当着她的面哭，就会跑到厕所里躲起来，她知道我会在厕所里哭。"

"我知道你不想再看到她，你只想转学。但不管怎么样，如果我们什么都不改变，那么三年级的时光就会比二年级的更艰难。除了周末和假期，你在学校的每一天都将是噩梦。因为她会继续把你当作一只丑青蛙，把你逼哭——虽然你最讨厌哭鼻子。

"而且，我觉得最恐怖的是你在新学校会遇到第二个卡西奥佩。如果真发生这样的事，那你可真是遇上难题了。幸好我认识仙女们，我也许可以请她们帮你想个反击的办法。如果能说服你妈妈帮你转学，你今年对抗卡西奥佩的经历也会为你在新学校的生活做好准备。"

"我能见见那些仙女吗？"

"很可惜，你不能见她们，因为仙女们害怕小孩子。但她们会通过我和你联系，你到时候就明白是怎么回事了。玛农，你有没有觉得你越不反抗卡西奥佩，她就越过分？"

"好像是这样。但你想让我和她说什么呢？我可什么都不敢说，她可是有长长的金色头发、永远有漂亮的衣服、成绩接近满分的女孩，而且她还是班长，从一年级开始就当班长了。"

"所以我们才需要仙女们的建议呀。现在她们正在偷听我们说话，过一会儿她们就会提出建议了。盯好我的耳朵，仙女们一传来'咒语'，我的耳朵就会动哟。"

玛农往前探出身子，边笑边盯着我的两只耳朵。

杰瑞米和他的宇宙最大死敌

杰瑞米是个爱幻想的金发小男孩，他告诉我："我哥是我这辈子最大的敌人，如果他不和我一起在操场玩，那我会很开心。我们在一个很小的私立学校上学，高中部的学生们和初中部的学生们在同一个操场上活动。只要我哥和他的同学们经过我身边，他就会用丑恶的嘴脸对我说：'哎哟，这不是"傻帽儿村"的村长大"傻帽儿"吗？'他当着其他同学的面这样说我，我真的很难受。"

我附和他说："我认识的那些哥哥们都很坏，但你哥哥甚至还变着法儿地骂你，太过分了。他每天都这么欺负你吗？"

"嗯，有时候一天甚至好几次。他还用力扯我头发，痛死我了。他还叫我侏儒。"

"他很高大吗？"

"那可不，他是实习消防员。浑身都是肌肉。"

"那他骂你的时候你说什么了吗？"

"我能和你说脏话吗？"

"当然了，尽情说。"

"我说：'你就是一坨屎，也就这点儿本事了，真不是个东西！'"

"骂得真不错。如果你同意，我想把这些脏话收录到我的'脏话盒子'里。然后呢？他什么反应？"

"他变本加厉地嘲笑我，说'看呀，小东西气得满脸通红呢！'之类的话。"

"嗯，我明白了。看来骂他没什么用，看到你生气，他甚至还很开心。"

"但我很生气呀！自从他3年前当上消防员，他的'尾巴'都快翘到天上了。"

"那回家后你会和他谈这件事吗？"

"以前会，但是没用。以前我实在受不了的时候会和我妈说，但我哥就一直和我妈说我是他最亲爱的弟弟，我妈也就没追究。如果她袒护我，我哥就会更过分地欺负我。所以现在每次我妈问我我哥还欺不欺负我，我都只能违心地说不欺负了。但我真的受不了了……"杰瑞米说完后开始流泪。

我把纸巾盒递给他说："而且现在都已经10月份了，我们不能被他折磨一整年。"

"但……但是……他根本不会改变的……"杰瑞米抽噎着说。

"那是因为你还没打造好足够锋利的'反抗之箭'，一旦你打磨好了这支'箭'，以你的聪明才智，肯定会又准又狠地射中他，打败他。"

"我们现在就要造'反抗之箭'吗？"

"如果你准备好了，就可以开始了。"

杰瑞米擦完鼻涕，说："来吧！"

加布里埃尔的大脸蛋

一位幼儿园女园长边摇头边对我说："我不知道该怎么办了，我感觉情况越来越糟，大家都很紧张，再这样下去我不知道会发生什么事情。"

我说："如果我记得没错，加布里埃尔的脸蛋儿白白嫩嫩，以至于萨洛梅每天都忍不住咬上好几口。"

"是这样的，她一开始还不怎么咬，但现在简直像上瘾了一样。萨洛梅仿佛就等着加布里埃尔转过身来的那一瞬间，她一看到加布里埃尔就'呼'地一下扑上去，在加布里埃尔的脸上咬好几口。我快被她折磨死了。没有幼师愿意晚上把加布里埃尔交给他父母，因为幼师们不想当出气筒，但他父母的怒气又是完全合理的。萨洛梅的父母很内疚，几乎不把女儿送来幼儿园了。说实话，幼师们也感到无能为力，因为我们什么办法都试过了，但都没用。"

"我能想象到这件事让幼师们犯了难，同时也让加布里埃尔很难受。您能告诉我你们尝试过哪些办法吗？"

"萨洛梅已经四岁了，我们首先向她解释咬人是不对的，然后在她父母的同意下让她去墙角罚站。"

"然后呢？"

"她一丁点儿都没改，于是我就想着应该用更有趣的方式来和她讲道理。我做了一个很可爱的小鳄鱼毛毡玩具送给萨洛梅，我告诉她说小鳄鱼不是只会咬人，还会拥抱和抚摸呢。萨洛梅觉得这只小鳄鱼很可爱，经常拿在手里玩，但她并没有停止咬加布里埃尔。"

"您为这件事真是没少费工夫、花心思！"

"但做什么都没用。我们实在没办法了。我们告诉萨洛梅的父母，如果孩子再咬加布里埃尔就在家里惩罚她。这就意味着萨洛梅如果每天都咬人，那么每晚都会被罚。但她还是不改咬人的毛病。"

"可以看出来，萨洛梅可不吃惩罚这一套。"

"我们轮班看着萨洛梅，不让她接近加布里埃尔。但她实在太狡猾了，而且我们有很多孩子要照看，不可能把所有注意力都集中在这件事上。"

"这的确很难办。那这两个孩子的关系变了吗？毕竟你们一直试图调和这两个孩子的关系。另外，当萨洛梅咬加布里埃尔的时候，加布里埃尔是什么反应？"

"他会轻轻抽泣，然后来找老师。"

"令人惊讶的是，在整件事中，很多人或多或少都遇到了麻烦：加布里埃尔每天被咬很多次，这肯定很痛；他的父母看到自己的儿子受苦也很痛心；萨洛梅的父母因为女儿咬了班里的同学而每晚惩罚她；您因为没法儿解决这个问题而感到无力，甚至对自己的管理能力产生了怀疑。只有一个人没遇到麻烦，那就是萨洛梅，因为惩罚远远比不上她咬人获得的快乐。但你们只对萨洛梅做工作。这难道不奇怪吗？在焦点解决短期疗法（thérapie brève et stratégique）①中，我们会为了让局势快速发生变化走捷径，在最直接的受凌者身上做工作。比起对施凌者做工作，让最直接的受凌者做出改变会让局面出现更大的、更高效的变化。"

"嗯，你说得很有道理。所以，也许我们应该找加布里埃尔

---

①　焦点解决短期疗法是一种心理疗法，旨在从人际关系结构出发解决问题，发现来访者的个人优势。该疗法由帕洛阿尔托学派学者发明，这一学派主要研究交往传播理论，重视个体的内在动力，代表人物有格雷戈里·贝特森。——编者注

谈谈？"

"是的，找他谈话会更高效。"

"但我不知道该对他说什么。"

"我有一个初步的想法。"

阿梅莉在社交平台上的"裸照"

阿梅莉的妈妈对我说："阿梅莉一开始跟我说她肚子疼，我以为是肠胃炎犯了，她一直有这个毛病，但从来不会喊难受。我哄着女儿去床上休息，心想用不了三天她就好了。但三天后她还是没好，呻吟着说肚子疼。医生做了检查，没发现问题，而且两周之后她还是没有好转。我觉得我得做点儿什么，就去找她谈，但是她什么都不肯说。医生告诉我孩子是心理上有障碍，让我来找您。她现在念高二，马上就要高考了，但现在她还没法儿返校。我很担心她，不知道她是不是发生什么事了。希望您能让她吐露心声，毕竟她也同意来见您了。"

"好的女士，谢谢您。我要和孩子说会儿话。在接下来的几天，您别和她提起上学这件事，一点儿都别提。您只能说'孩子，我知道你不容易'，我知道像您这样慈爱的母亲很难克制关爱孩子，但我需要您严格遵守我这条奇怪的要求，这非常非常重要。"

"呃，我不能问她打算什么时候回学校吗？"

"是的，您不能问！在我向您传达新的要求之前，这个问题是绝对不能问的。"

我回到休息室，发现阿梅莉盯着地面。她几乎要哭出来了，但依然一句话也没说。

"我猜你如果回到学校，就会发生坏事。会有可怕到你不敢想象的坏事发生在你身上，我说的对吗？"

她小声回答："是的。"

"肯定有各种声音都在劝你回学校，比如你父母，甚至连你自己都在说'阿梅莉，你该回去了，现在可是高二啊，是很关键的一年'。理智告诉你，你确实应该回去了，但你的内心又很恐惧。这种恐惧让你不知道该怎么办，让你很焦虑，焦虑到肚子疼、哭个不停，是这样吗？"

"嗯，是这样的。"

"如果你总是惧怕问题而不是勇敢地直面问题，你的恐惧就会不断扩大、变得更严重，它就像是一波巨浪，最终会将你淹没。当然，你有很多选择，而且你是唯一有权利做决定的那个人。你可以继续回避问题，在家远程学习，但你的朋友会变少，你也会感到有些孤独，不过你至少不需要面对返校以后的噩梦。你也可以驯服恐惧，不再被它控制，然后思考解决办法。你在战胜恐惧后，会豁然开朗。这两条路都有风险和缺点，但都比坐以待毙、犹疑不决、因为不知所措而哭个不停好。"

阿梅莉想了一会儿，说："我可以试试走第二条路，但我怎样做才能'驯服恐惧'呢？"

"首先，你得向我描述你的恐惧是什么，只有这样我才能知道它对你意味着什么、会对你产生什么影响。简单来说，我会明白你最害怕的事情发生后有什么后果。"

接下来，阿梅莉说了一大段话，我来不及记下全部："三周前的周日，我当时在家，我朋友苏菲安给我发消息说'你可得小心点儿，你妹妹在社交平台上上传了你的一张泳照，大家都在疯狂转发'。那张照片有点儿模糊，我穿的又是粉红色的泳衣，所以照片里的我看上去就像全裸一样。我妹妹不是故意的，她没想到大家会这么评价这张照片，毕竟我整个人都在泳池底——我没有告诉妈妈这件事，因为她很害怕互联网，她肯定会惩罚我妹妹然后好几个月内不许我们玩电脑，总之，您千万不要告诉她这件事——同学们开始污蔑我，说些很粗俗的话。所有的评论我都看了一遍，我感觉只要一踏进学校大家就会笑话我。我不想被笑话，这太恐怖了。我们班曾有一个女生因为社交平台上的照片而成为大家的笑柄，从那以后就没人愿意和她玩了，她也不参加任何社交活动了，这太吓人了。"

"你觉得这件事会随着时间慢慢平息，过一段时间你就能返校？"

"我一开始是这么想的，但就像你刚刚说的那样，恐惧只会随着时间扩大而不会缩小。我越来越害怕，现在真的没办法返校了。我现在不登录社交平台，也不看手机，任何人我都不想见，我真的很难受。"

"你的恐惧是合理的。如果我理解得没错，你一想到这件事就会肚子痛，因为如果你明天就返校——当然你现在压根儿不敢这样想——学校里的同学就会对你投来异样的眼光。那些你不认识的同学也会嘲弄你。你的朋友也会疏远你，因为他们不愿意和一个在社交平台上放'裸照'的傻瓜做朋友。你因为害怕惹来更多的嘲笑而一声不吭；然而嘲笑你的人更加肆无忌惮了。你课间时只好孤单地坐在椅子上，假装自己正在发短信或入神地看书，而且之后整个学年都得一个人孤单地吃饭。你会一直非常孤独。"

"正是这样。我还怕男生们来骚扰我。"

"是啊，你随时会受到他们的骚扰。"

"真的吗？这太恐怖了——你没有安慰到我——如果真是这样，那我就更不想回学校了。就算以后没有社交活动，我也得选第一条路了：在家里远程学习。起码这对我来说没那么恐怖。"

"我完全理解你的担心，所以我给了你两个选择。我希望你能够想清楚再做出理智的决定。如果将来某天你打算回学校了，希望你能做好最坏的打算，这也是我正在帮你做的。这样的话，就算最坏的事情发生了，你也做好了准备；如果没发生，那再好不过了。尽管你觉得最好的办法是完全放弃社交活动而待在家里，我还是想让你再具体设想一下第二条路。你想象一下，你到了操场上，然后一帮男生走向你，说'嗨，听说你把裸照发到社交平台上了？'"

"我的天啊，没有比这更吓人的了。"

"这确实很吓人。我在想你会怎么回答他们。"

多里安挨了打

多里安的妈妈对我说："走到学校里后，我看到多里安坐在地上，藏在水池的后面，他把头埋到膝盖里，小声抽泣着。我当时觉得天都要塌下来了。我知道返校后他遇到了麻烦，但是我没想到他受了这么多罪。我很自责没有早点儿发现这件事。"

"您问他发生什么事情了吗？"

"问了，我儿子说他在学校里经常被三个他不太认识的初三男生推到地上揍，课间的时候他的东西经常被偷或被弄乱。有一天他们抢了我儿子的手机，然后勒索他。我到学校找校长顾问了解情况，我儿子不想让我去，一直闹脾气。校长顾问也和多里安谈话了，但是也进行得不顺利，因为他始终不说到底是谁偷了他的手机，因此校长顾问也没法儿帮忙。但是，因为多里安的成绩在初一学生中名列前茅，所以校长顾问很喜欢他，校长顾问在初三所有的班级巡逻了一圈，并且说如果再有低年级的学生受到欺负，初三全体学生都要连带受罚。"

"然后呢？"

"他再没对我说别的了。但是昨晚他回家后哭着对我说'我真是谢谢你到学校里闹这一出'，我感觉我好像做错了什么。他把自己关在房间内，我怎么叫他都不出来。"

"应该是在校长顾问说出那番话后，那几个初三的男生报复了多里安。"

"那我应该什么都不做吗？"

"我也是母亲。作为母亲，在这种情况下什么都不做简直是违反了我们的天性。您做了所有母亲都会做的事情。但我觉得，您的儿子头脑清晰又善于观察，这是件好事情，恭喜您。他知道如果我们向老师揭露这些坏学生，他就有可能被报复，并且那些男生会变得更狡猾来避免再次被抓。从某种程度上来说，您儿子觉得他现在是在向大人倒苦水，这违反了中学生中不成文的'规矩'，而且也让他在面对那三个初三男生时显得更加可悲和柔弱。但如果他真是这种心态，又怎么会同意来见我？这太奇怪了。因为鉴于你去学校后他的反应，我以为他不想再找大人说这件事情了。"

"因为您曾经帮助过他的一个遇到类似事情的朋友，正是这位朋友劝他来找您，我的话对他可不起什么作用。上周末他们俩在多里安的房间讨论了一个小时。"

"不错，看来还是朋友的建议更有用。我要和多里安聊一会儿。"

多里安走进问诊室，而后他的妈妈缩着身子进了休息室，多里安一眼都没看她。

"我知道你在生大人们的气，因为他们插手你的事情还搞得一团糟。"

多里安嘟囔着："没错，尽管我知道妈妈本意是为我好，但她帮了倒忙。最令我生气的是，她从来都不听我说的话。"

"这确实让人难以忍受。我也不能理解她为什么要插手管别人的事情，到最后还把问题弄得越来越复杂。说实话，我也生你妈妈的气。"

"但是也得站在她的角度想一下。我的手机被偷了，她很担心我，她也做了自己力所能及的事情。"

"也许吧，但是她也许可以不那么鲁莽地直接去学校。"

"但是大人们很难理解学校里发生的事情，不应该太责怪他们。"

我忍住笑容，说："你说得对。真不好意思，我刚才说的话有些过分了，还是回到咱们的谈话主题上来吧。有几个初三的男生欺负你，是这样吗？"

"是的。我是个'软柿子'。你也能看出来，我又瘦又矮、讨厌暴力，还戴着眼镜。而且我的功课很好，他们也知道这点。我从来不防卫，所以他们一直欺负我，但我一个人也反抗不了这样的三个男生呀。你知道吗，我的人生都因为这件事变得灰暗了。有几次，我梦见我成了超人，在操场上将他们一个接一个击败。坦白说，这是我做过最美妙的梦。但是，就现在来说，大多数的梦还是噩梦，我经常梦见他们在操场上一看见我就向我冲过来，我被拉到一个角落里，然后在他们三人之间像沙包一样被丢来丢去，他们冷笑着，嘴里讲着脏话。"

"而且他们应该听不懂你说的大部分话，这也许会让他们更生气。那他们攻击你的时候，你在做什么呢？"

多里安回答："就像动画片《小淘气尼古拉》中的阿南一样，我摘掉眼镜然后默默等待着殴打结束。"我非常佩服多里安还能在这种情况下自嘲。

"但他们没有停止欺负你。他们是在课间的时候欺负你的吗？"

"嗯，他们经常在课间的时候欺负我，而且在校长顾问训完话之后，他们变本加厉了。他们威胁我，说如果我敢告发他们三个中的任意一个，就不会给我好果子吃。我说我不会告诉别人，他们就说'但你是个什么都和你妈妈说的胆小鬼'，这是他们羞辱我的大招，这招已经用了很多次，但对我的伤害还是很大。"

"嗯，但如果这就是他们对你最狠的羞辱，我觉得你有很大的优势战胜他们。"

作为家长，我们应该扮演什么角色？

当你心爱的孩子在学校被欺凌时，作为家长，你将会为可怜的孩子出谋划策。在这个阶段，你要记住以下几个基本原则，在接下来的章节中，我还会为你具体解释。

1. 家长不应该成为孩子与世界之间的阻隔，而应该与孩子肩并肩，陪他认识世界。事实上，如果家长替孩子处理一段出现问题的人际关系，就有可能使这段关系的结构僵化。

2. 不管怎样，家长插手孩子的人际关系违背了孩子间不成文的"规矩"。

3. 如果想高效地调节一段人际关系，就应该对受凌者做工作，而不是施凌者。但如今法国教育部出台的干预措施把重点放在了施凌者一方。

4. 孩子如果难以承受由一件事带来的负面情绪，而家长想尽一切办法让孩子不去想这件事，在多数情况下，这种情绪就会变得更强烈。在孩子想明白负面情绪究竟隐藏了什么之前，它会一直笼罩着孩子。

5. 如果家长逼问孩子到底受了什么欺负，并想办法让施凌者受到惩罚，那么一方面孩子有可能被报复，另一方面施凌者可能越来越狡猾，以防下次再被惩罚。

6. 不管家长多么宽厚、有礼貌、机智，一旦插手孩子在学校的事情就有可能帮倒忙，尽管家长的出发点是好的。

家长或老师如何避免踩到孩子校园生活中的雷区？你如果面对受伤的孩子不知如何是好、无能为力，那该如何帮他敞开心扉，摆脱令他痛苦的人际关系的恶性循环？在接下来的部分中，我将试着回答这些问题。

第二章

什么是校园欺凌？

每个班有超过四名学生声称自己遭遇过校园欺凌

国际校园欺凌观察站（Observatoire international de la violence à l'ecole）在 2011 年发布过一份样本容量很大的调查报告，认真分析了学生们的自述[1]。校园欺凌波及小学三年级至五年级的学生，所有的老师都认为初中阶段的校园欺凌只是将在小学阶段就已存在的校园欺凌放大了而已。

以下内容出自这份调查报告。通过这段内容中的几个数字，我们就会明白初一到初四阶段的校园欺凌有多么严重[2]。

---

[1]　此报告从法国8个大学区的200所学校中随机抽取了157所学校的12 326名学生进行调查，参与调查的学生人数占 200 所学校学生总数的 78.5%。在随机抽取的学校中，所有小学四年级、五年级和初一的学生都参与了调查。——作者注

[2]　在面诊过程中，碍于面子，初中生明显要比小学生更倾向于掩饰或淡化自己遭受的欺凌。所以，初中生遭遇校园欺凌的真实情况远比调查结果显示的更加严重。——作者注

对大多数学生来说，校园是一个安全的地方。但是，仍有一小部分人在校园中经常受到伤害：

- 20%的学生经常受到同学们的嘲笑；

- 接近17%的学生表示经常被同伴打；

- 17%的学生表示曾被强迫脱衣服。

在这份高质量的报告的结尾，作者说："这份报告不是为了告诉大家该做什么，它的目的不是提供消除校园欺凌的方法，而是描述暴力本身。"这份报告揭示了三个重要的情况。

1.接近15%的小学生遭遇过语言、手势或眼神形式的象征性的欺凌。换句话说，在一个有30名学生的班级里，超过4名学生受到过同伴的欺凌。

2.这4名学生很可能受到各种形式的欺凌。这更加坚定了我的观点：如果一个脆弱的孩子没能在面对一种暴力时成功保护自己，他就会认为自己无法保护自己免受其他类型的暴力，而且同学们欺负他的手段也会越来越花样百出、残忍且狠毒。

3.目前学校和家长对校园欺凌的回应并没有得到受凌学生的肯定。我认为孩子的反馈是最重要的，因为参与调查的孩子们对"在暴力事件发生时，应该向学校老师求助吗？"这个问题的答复大多是："不总是。"事实上，参与调查的学生表示，随着暴力不断升级，自己感到越来越孤立无援，甚至受到了学校管理层的"欺凌"。比如，一位学生被同伴排挤后，向他的老师反映这件事，老师通常会感到厌烦，会觉得这位学生爱抱怨。而受到欺负的学生不抱怨，一般是因为他们觉得老师的回应毫无作用，所以他们选择不再和老师说自己受到了欺负。

这份报告对我们采取行动有着至关重要的作用。面对令人忧虑的校园欺凌现状，我们将试着提出一些实用的处理办法。

校园欺凌的构成要素：孩子们、重复性欺辱、起反作用的试图调解

本书中的校园欺凌特指儿童和青少年在相处时产生的痛苦，不包括学生与成年人相处时、因学习上的困难产生的痛苦。我将从三个构成要素（孩子们、重复性欺辱、起反作用的试图调解）出发，分析孩子们在校园中面临的暴力情况：受凌学生在

恶性循环中备受煎熬，承受不断升级的暴力。

在本书中，我将以帕洛阿尔托学派的理论为基础，分析并试着解决校园欺凌问题。帕洛阿尔托学派是一个对人文社科领域有着深远影响的思想流派，它孕育了焦点解决短期疗法，后者已经成功应用于处理人际关系难题。这种疗法一般认为一个人际关系问题经常重复发生是因为问题的根源并没有被消除，而且矛盾的是，这个问题会因人们尝试解决而更加严重。此外，当迪克·菲施谈到"试图调解"这个中心概念时，他所举的案例就与校园欺凌相关[①]。

在焦点解决短期疗法中，衡量介入校园欺凌的可能性以及必要性的重要指标之一就是受凌者的痛苦程度。就像我们在萨洛梅咬加布里埃尔脸蛋的例子中提到的，儿童或青少年通常在

---

① 法国作家让-雅克·维特扎埃勒在《寻找帕洛阿尔托流派》（*À la recherche de l'école de Palo Alto*）一书中收录了迪克·菲施的观点："小男孩一想到上学就害怕，我们将这种表现称作厌学症。然后爸爸说：'我试着让儿子放心去学校。我告诉他我当年上学的时候是多么快乐，他一定也会很开心的。'……我认为这是第一个让我们认识到家长尝试介入、解决孩子间的问题的典型案例。这将是我们讨论介入方式的出发点。……重新分析之前的案例，我们会发现如果禁止家长按自己的想法插手孩子间的问题会更有利。我们之前一直把'让家长介入'视为'解决问题的办法'，但我们现在认识到：这些办法并没有解决问题，所以我们应该称其为'试图调解'。"——作者注

受到伤害后才采取行动进行自卫，这些行动虽然有多种形式，但是通常不怎么有效。并且，很明显，不同主体（学生、家长、老师）所做的努力也都没有成效，甚至还恶化了校园欺凌并加重了受凌学生的痛苦——这与他们的出发点背道而驰。

值得肯定的是，除了校园欺凌，孩子在成长过程中遇到的大部分难题都可以在学校中解决。但我不打算分析成功案例，我要分析那些并未得到解决的、被不断激化的人际关系问题，因为对受凌学生来说，由这些人际关系问题组成的恶性循环会迅速恶化。

在我曾参加的一场会议上，一位警察问我："当一位女学生已经连续几个月被敲诈而且受到殴打，我们肯定要主动介入这件事吧？"答案当然是肯定的，不过我们也可以在"上游"介入这件事来打破恶性循环。在诸如家庭暴力之类的事件中，只有司法性的处罚措施才能解决问题，其他措施都没有用。但如果我们能提前采取别的措施，事件就不会发展到这一步，结果也不会如此惨烈。

为什么学校的德育课无法终结校园欺凌？

如果孩子不会出现人际关系问题，人们就不需要研究解决方案，焦点解决短期疗法、预防人际关系问题的措施也不会存在。对人际关系问题采取预防措施让我很担忧，因为这种做法就像一种自我验证，它会将一些原本不严重的小摩擦转变为大问题。我坚信，如果老师在课堂上以一种说教的、理性的方式给学生讲道理，告诉学生应该如何与他人相处，那么效果将微乎其微，大部分老师期待的"提高学生妥善处理人际关系问题 / 反校园欺凌的意识"也不会实现。

越来越多来找我的学生告诉我，在父母向老师抱怨自己的孩子在学校受到刁难后，学校的行政部门就会请心理咨询师、医生或警察到学校为受凌学生提供心理咨询、治疗服务或其他帮助，为的就是向学生展示校园欺凌的严重后果。来访的受凌学生告诉我，他们在那一个小时的心理咨询、治疗或盘问中饱受煎熬，他们要忍受躲在房间外的同学们的偷看以及施凌学生的嘲讽。对他们来说，学校这种兴师动众的方式丝毫没有平息欺凌事件,反而刺激了更多的同学参与其中。

儿童和青少年并非通过上德育课学会如何处理人际关系的,他们需要从自己的行为所产生的结果中学习。这意味着老师应该更加机敏:一方面要及时观察到校园欺凌事件,另一方面还要主动帮助受凌学生,因为很多受到欺负的学生已经不再或从来不告诉家长自己在学校里的真实处境。

采取行动的原因:消解孩子的而非家长的痛苦

帕洛阿尔托学派在分析问题时不进行道德考量。这一学派认为,所有的痛苦都应该被消解。某些情况在大人看来是难以承受的,但对孩子来说不是这样的。

我记得有一位年轻的母亲对我说,她的女儿放学回家后告诉她:"妈妈,这周课间休息的时候我一直是一个人待着,我的小伙伴们不愿意和我说话。"这位母亲听到这番话后,心头一紧,她继续问女儿有什么感受。女儿回答说:"我有点儿烦恼,但我知道她们最终会重新找我说话的。"

于是这位母亲不再追问女儿了，她选择和她女儿一样从容地、机智地、平静地等待事情好转。几周后，女儿回家后告诉母亲她已经和小伙伴们和好了。这样的完美结局无疑要归功于小女孩的从容、洒脱以及她母亲并没有错误地夸大女儿的痛苦。

然而，这个案例中小女孩儿适度的从容放在别的案例里可不一定行得通。在这里，我要区分"人际交往小摩擦"（孩子们会遇到不同类型的摩擦）和"人际交往问题"两个概念，后者指能够诱发痛苦且不断重复的情景。适用于处理一些"人际交往小摩擦"的方法不一定在处理"人际交往问题"时也有用，我会在后文不断强调这一点。

让我们来看一下埃里克·德巴尔比厄对校园欺凌的定义。他在联合国儿童基金会 2011 年 4 月发布的一份报告中写道："当小的'恶作剧'不断重复发生，当受凌者或施凌者总是同一批人，一切就都变了……重复性欺凌在未成年暴力事件中是非常重要的因素。这种重复性欺凌的社会影响众所周知：受凌儿童会产生焦虑情绪，对公共权力机构感到失望，进而封闭自我，不再遵循社会规范、不再承担集体责任（不愿意上学、不愿意融入社会和集体），甚至忽略基本礼仪。这种重复性欺凌非常不利于受凌儿童的心理健康。因被欺凌和被迫害而产生的压力会不断累积，一旦深入到受凌儿童的心理建构层面就很难消除。[1]"

根据前文，我将校园欺凌定义为：儿童与青少年因同龄人人际关系恶性循环产生的、不断加深的重复性痛苦。

没有放之四海而皆准的解决方案，具体情况要具体分析

焦点解决短期疗法没有一个标准的定式。当我在构思如何介入、解决孩子的人际关系问题时，我通常不会用已经用过的办法：每个案例都有特定的故事背景，都有特定的主体，以及那些具体的、试图解决这个问题但收效甚微的尝试。我会考虑这些因素，最终想出适合这个案例的、独一无二的解决方案。

---

① 这份报告题为"校园中那些快乐的孩子们——对小学四年级至初一学生展开的一项关于校园欺凌以及校园氛围的调查"，作者是埃里克·德巴尔比厄，在2011年4月由国际校园欺凌观察站发布于联合国儿童基金会官方网站。——作者注

第三章

校园生活——帮派式体系

大部分受到同龄人人际关系问题困扰的孩子是家里的长子或长女。从某种程度上来说，这很符合逻辑：这些年长的孩子和同龄人相处的经验不多，所以进入学校后会显得更不知所措和天真，他们的人际交往经验往往不如家中的弟弟妹妹，更比不上那些有很多哥哥姐姐的孩子。这些年长的孩子通常错误地认为父母的爱是无条件的，并且理所当然地认为校园生活安谧祥和。这种想法无疑会被有哥哥姐姐的孩子嘲笑。

有哥哥姐姐的孩子由于经常身处家庭内部矛盾的中心而更有戒备心，并且在心理上更坚强，他们会利用那些天真的在家中更年长的孩子来体验掌控主导权的感觉。大多数情况下，这个残酷的真相会以一种比较温和的方式被揭露，也可能永远被掩藏于假象之下，或伴随着无法疗愈的伤痛而来。

让我们先来给校园"舞台"布个景，介绍一下校园人际关系的背景要素。

"人缘综合征"以及两种受欢迎的孩子

人缘是整个"舞台"的主要结构，它极其重要，但又极易崩塌。人缘不好的孩子在心理上十分脆弱并且经常受到欺凌；受追捧的孩子也担心有朝一日失去宠爱而被冷落。

"人缘综合征"并不是一个新概念，事实上，现在的父母对人际关系的敏感程度要高于之前的几代人。"人缘综合征"在孩子的生活中越发常见，各种社交平台只是其传播媒介。

作为这部"精心策划的大戏"的主角，受欢迎的孩子的角色通常会朝着两个几乎相反的方向发展。

第一种类型是"黛安娜王妃"[①]式孩子。这种孩子友善且美

---

① "黛安娜王妃"和"内莉·奥利森"是《大草原上的小房子》（*La petite maison dans la prairie*）系列动画片中的女性角色。这两个人物形象经常被用来分析儿童间的以及其他类型的交际方式。——作者注

好，他们身上那种独特的温柔使他们感受不到其他孩子在人际关系中遭受的痛苦。大部分孩子不愿和没有朋友的孩子交朋友，因为担心这会危及自己的人缘，而"黛安娜王妃"式孩子竟然愿意和那些孤僻的小孩做朋友。这么看来，这种孩子简直万里挑一。他们的数量非常少，并且不会成为校园欺凌的施凌者。他们身上总是有一种懒散的或漫不经心的疏离感。准确来说，他们没有特定的圈子，可以优雅地在各种圈子中游走。

第二种类型是"内莉·奥利森"式孩子。这种孩子很难改变，他们会使其他孩子对人缘受损感到恐惧。而且，这种孩子为了巩固在圈子中的主导地位，会经常将他们的某些跟班踢出圈子，几天至几周后再重新拉那些跟班进入圈子。他们还经常带头欺负那些没有加入任何圈子的孩子。

大部分校园欺凌以团体形式发生，就像几头狮子聚集起来围堵一只无助的羚羊那样。我的面诊经验告诉我，在这种情况下，施凌团体通常有一个带头人（很少是两个带头人）。当我问"那个团伙（施凌团体）的头儿是谁"时，来面诊的儿童或青少年都会立刻给出答案。

"狮子"和"羚羊"的比喻很形象——在面对复杂群体时自

我保护有多难，在面对一个对手（哪怕他很强硬）时自我保护就有多简单。

一般来说，孩子们会尽可能向"黛安娜王妃"式或"内莉·奥利森"式孩子发展。"内莉·奥利森"式孩子的排他性经常会给其追随者带来伤害，让他的小跟班们苦不堪言，但这种孩子只是偶尔孤立他的朋友，不会真的把他们踢出圈子，因为他们只是要稳固自身的地位。但你千万别以为"黛安娜王妃"式孩子十全十美，这种孩子的行为难以捉摸，更容易让人担心。

"黛安娜王妃"式孩子性情多变，他们经常会被新朋友吸引而冷落原来的伙伴，但他们并非怀有恶意。在我看来，化解这种孩子彬彬有礼的疏离感是不切实际的，并且这种疏离感可能演变为厌烦情绪。我会像开导那些失恋的人不要将前任看成真心爱人那样，让这种孩子放弃对友谊的执念，言之凿凿地告诉他们"友谊是不可靠的（尽管我在心里偷偷希望他能有坚固的友谊）"。这番话虽然会让孩子感到痛苦，但也道明孩子应该迈过去的坎儿：与其重复地解决同一个人际关系问题，他更应该克服自己在人际交往方面的某些困难。

我不知道这是好事还是坏事：父母不能保护孩子免于友谊

之痛或爱情之殇，这些痛苦都会成为他们人生路上难以忘怀的经历；父母至多能做的就是在他们承受不住的时候给予拥抱，并且避免说"失之东隅，收之桑榆"之类的鸡汤话。

这就是"内莉·奥利森"式和"黛安娜王妃"式孩子在人际交往中出现的主要问题，我们将在接下来的章节中讨论这些问题。

校园中的行为准则

介绍完主要角色后，我们再来了解一下这些角色重要的行为准则。

这些行为准则并无惊艳之处而且非常过时，与大部分家长和学校提倡的截然相反。这种巨大的差异无疑放大了问题，或者至少耽误了问题的解决进度：

准则 1：在借助任何外部调解之前，校园里的人际关系问题首先应该在学生内部解决。

准则 2：小学四年级以上的学生如果违反了准则 1，他的人缘就会大大受到损害。

准则 3：出于保护人缘的考虑，比起向成年人（不管他是谁）求助，受凌学生向更年长或更强壮的学生求助会更合适[①]。

受凌学生的家长想要采取的措施很有可能与这三条准则相去甚远，而他们违反这三条准则只会给遭受欺凌的孩子们徒增痛苦。一般情况下，孩子们很清楚这一点。所以，来面诊的孩子们起初并没有提及与学校相关的问题，因为他们不想告诉父母他们在学校里的遭遇。通常，他们会在周日晚上或返校前假装肚子非常痛；他们会在出门上学的时候大哭；有些孩子会莫名其妙地呕吐；一些孩子会突然失眠、抽搐或异常沮丧。听到孩子们说出这些症状后，我总是会问他们："在学校里过得怎么样？"

[①] 然而，第三方（甚至是另一个孩子）的干预会使受凌学生变得更加脆弱，而第三方则会因为一种因干预产生的"权威性"而变得更加强大。这会使本就出现问题的人际关系变得更加失衡。——作者注

如果他们愿意回答我并且告诉我在学校中遇到的困难，我就会继续问他们："假设你现在的痛苦程度为 10 分——满分就是 10 分，如果学校里的困难解决了，你的痛苦程度会降到几分？"

他们总是回答"1 分"或"最多 2 分"。

这足以表明校园欺凌非常影响他们的生活。

作为一名忧虑的家长，你对事态的发展并没有十足的把握。你首先应明确地告诉孩子，**你不会未经他的同意随意介入他的事情，当然你还要保证会遵守这个诺言。**

第四章

友谊——一门附加课程

"话说，你和朋友相处得愉快吗？"

第三章提到的"人缘综合征"不断被关注与讨论，是因为现代父母经常为自己孩子的社交能力感到担忧。前几代父母经常会关心孩子的学习成绩，而不会问："你最近和朋友们的关系还好吗？"

父母对孩子社交层面的关心不会取代对孩子成绩的关心，它堆叠在原有的关心之上，是衡量孩子成功与否的一个额外指标。这种新的关心刚产生没多久，就成了一个孩子为取得"全面成功"而要完成的关键指标。但它是一个矛盾指令，因为这种关心要求孩子在充满欲望的、圆滑的世界中，理性且有主见地面对在各种人际关系中相对更微妙的友情。

什么是矛盾指令呢？它对指令执行者会产生什么影响呢？

矛盾指令指"只有违反才能遵守"的命令（就像保罗·瓦茨拉威克经常举的例子："不要读这句话。"）。总体而言，这类指令要求我们有自主性，但我们只能通过在得到命令的瞬间失去自主性才能完成这类指令；我们如果违背这类要求有自主性的指令，就等于放弃了自己的自主性。

一个夫妻间相处的案例很好地解释了矛盾指令：一位妻子抱怨丈夫不够关心她，没有给予她作为妻子应当得到的关心，具体来说，这位妻子抱怨丈夫从来不送她花。在战略性地等待了几天之后，丈夫终于送了她一束花。她却对他说"你给我买花是因为这是我要求你给我买的"，并看起来更加沮丧了。买花或不买花，丈夫都有错：如果他不买花，他就是位坏丈夫；如果他买花，他还是位坏丈夫。我们无法正确执行矛盾指令，这就是它的矛盾之处。

父母向孩子提出的"你应该交些朋友"也属于矛盾指令，因为一旦开始思考如何恰当地进入一段人际关系，儿童或青少年就会变得像"一个把目光转向自己内心的娃娃"[1]，来确保自

---

① 该说法由意大利心理学家乔治·纳尔多内提出。——作者注

己表现完美（他应该敏锐、幽默、穿着得体、友善、思想独立……）。最终，父母提出的指令只起到了反作用，这个孩子依然无法与其他孩子建立友谊，就算他强装无所谓也无济于事。所以，那些在校园里不受欢迎的孩子其实很好被辨认出来，因为他们都会假装淡定，实则内心绝望。

尽管他们努力表现得淡然（为了满足家长和学校的要求），但他们假装淡定的动作其实非常刻意。他们一旦停止假装淡定，立马就会露出真面目。

我回想起一位初中女生，她一想到自己的人缘变差就很惊慌（但她的人缘很好）。这种折磨人的念头一直盘旋在她的脑海里，导致她十多天睡不着觉。我问她为什么觉得自己的人缘会变差。

她回答说："你知道那些受欢迎的女生是怎么边笑边把自己的长发拨弄到耳后的吗？"

"大概知道。"

"当我那样做的时候，我一点儿都不好看，你看。"她站起来，然后用一种机器人摆手般的僵硬动作把自己的头发拨到了耳后。

这个例子很好地说明了假装淡定是多么容易被识破。

如果家长频繁地提出"你应该交些朋友"这个矛盾指令（因为看到孩子没有被足够多的同学或家长认为的那些好人围绕，家长会忧心忡忡），这个外部指令就会变成一种孩子自动强加给自己的内部指令，孩子的社交能力也会不断退化。随着内部指令和外部指令不断强化，孩子越来越不擅长交朋友，长此以往，就形成了治疗校园创伤的心理学家们所说的校园欺凌恶性循环。

不幸的是，这种"好人缘"的矛盾指令已经成了一项"合法"的要求，它出现在所有的案例中，就像我之前提到的那几个案例。我们这代家长生活在互联网时代，我们知道关系网以及圆滑地为人处事是孩子将来成功的重要因素，所以我们对他们如何开启一段关系、他们的友谊状况、他们在交往中的争吵与和解非常关心。尽管我们不想，但这份关心确实很有可能让孩子感到焦虑，尤其是在如今的社会中，与他人的关系是衡量学生素质的核心要素之一。

"课间禁止读书。"

这项指令的"制度化"也同样令人吃惊。一个名为保罗的小男孩被他的同学们冷落，他每天都问他们能不能和他一起玩，但只得到了异口同声的回绝。我向他的家长解释说应该想个办法不再让孩子询问其他同学能否一起玩，因为每问一次就相当于在孩子心口插一刀，课间的每一分每一秒对他来说都很煎熬。我向小保罗推荐了几本非常好看的书，让他在今后课间休息的时候读。这样课间休息就不会那么难熬，小保罗也不会那么排斥课间休息——因为他不会在课间受到其他同学的拒绝，并且我知道他会越来越喜欢自己这种不被他人影响的状态。

第二天，我收到了一封来自他妈妈的邮件，她向我解释说保罗的学校不允许学生在课间读书，所以保罗没办法实施我给他的建议。

如果我理解得没错，法国教育部禁止学生在课间读书，并且强制他们进行社交活动。这些要求真是荒唐可笑。对像保罗这样一个九岁的孩子来说，除了头顶的天空和脚下的沥青可以看，他还能做些什么别的更有意思的事情来放松自己呢？

好在，保罗的班主任是位温柔且充满智慧的老师，她认同我们给保罗的建议。所以，她特许保罗在课间休息时读书。在这里，我要向这位老师表示感谢。

"小蜈蚣们"被吓呆了！

处于人际关系的压力之下的孩子，会越来越像焦点解决短期疗法医生口中的小蜈蚣。这个比喻的背后是一则寓言故事。

一条蜈蚣在森林里散步的时候遇到了一只蜗牛。蜗牛对它说："见到你真是太开心了，因为我一直想知道你是怎么用这么多只脚走路还不被自己绊倒的。每次想到这里我都觉得你真了不起。"

蜈蚣想了一会儿，然后回答："我也不知道我是怎么做到的。"

蜈蚣想要重新上路，但它一直在想怎么用脚走路，结果反而走不了路了。

此时，一只饥肠辘辘的老鹰正在天上盘旋。它看到了被困在地面上的蜈蚣，于是俯身冲下并一口吞了蜈蚣。

我认为，那些处于人际关系的压力之下，虽然不情愿但又必须每天出门上学的孩子，就像被困在地面上的不知所措的小蜈蚣。

第五章

校园欺凌的"剧本"：
精心策划，牵涉多方

校园欺凌的关系结构

一部分小学生和初中生在人际关系中"变身"为紧张局促的"小螟蚣"的事实，已经成了令家长甚至整个社会担忧的问题。为了受到小伙伴的欢迎，这些孩子想破了脑袋，他们的脆弱性也展露在"努力"的每一个瞬间。这也催生了第三章中提到的"内莉·奥利森"式孩子，或按保罗·瓦茨拉威克的话来说，这让"内莉·奥利森"式孩子"显化"了。"在一段关系中，只有按要求扮演好自己角色的伙伴才能让我们（'内莉·奥利森'式孩子）展露真实面貌。"①

_____

① 出自保罗·瓦茨拉威克的《创造自己的不幸》（*Faites vous-même votre malheur*）。《创造自己的不幸》这篇文章收录于《焦点》（*Points*）丛书，这套丛书由巴黎塞伊出版社出版。——作者注

人缘好的孩子恰恰要利用不受欢迎的孩子的脆弱性。格雷戈里·贝特森的互补分裂演化模型（la schismaogenèse complémentaire）很好地解释了利用的机制。虽然这个模型（我们可以将其理解为"事态演化升级"）听起来有些晦涩，但它可以帮我们理清如今校园欺凌事件的前因后果。贝特森解释道："通常，我们很难对促成 A 的行为的许多要素做出明确的解释。如果非要解释，也只能说'由于 A、B 的行为就其相互作用达成了默契（通常不明显）'，即他们都默许对方可以在他们身上找到背景结构（la structure contextuelle）。"①

事实上，在互补分裂演化模型中，关系结构，也就是贝特森所说的背景结构，才是最重要的。

基于这个模型，贝特森探讨了个体间、群体间、国家间的对称型分裂演变和互补型分裂演变。向上的对称型分裂演变指通过竞争来占据主导地位、支配地位，就像美苏冷战期间的军备竞赛。互补型分裂演变像暴力事件对夫妻关系的影响，通常

①　出自格雷戈里·贝特森的《迈向心智生态学之路》（Ver une écoligie de l'esprit）。《迈向心智生态学之路》这篇文章收录于《焦点》丛书，这套丛书由法国巴黎塞伊出版社出版。——作者注

一方会不断降低自己的地位，逐渐屈服于另一方，而另一方则不断提高自身地位、扮演支配角色。

在患有"人缘综合征"的人中，群体中最受欢迎的人会通过使用排他性策略，唆使他人实施或亲自实施重复性欺凌来保持自己与其他人之间的距离。这样一来，一个或多个孩子就被排挤到附庸地位，而最受欢迎的孩子就会保持自身的支配地位（即保持"社会存活"。根据前文提到的构成要素以及关系结构，"存活"在一定程度上指心理层面的博弈）。

被欺负的孩子通常持默许态度，因为他们不想使关系结构彻底僵化。在欺凌案例中，被欺负的孩子仍然抱有修复关系的期望，所以他以互补的态度，把自己放在了很低的位置上。这就使受欢迎的孩子得以不断强化自己的排他性策略（因为这个策略保住了自己的地位），欺凌也不断升级。贝特森将这种情况定义为互补型分裂演变（一种互补型关系）。在这样的情况下，受欢迎的孩子与被欺负的孩子的关系属于"控制与服从"关系。

在校园中，为了维持互补型关系的结构，一群学生经常会勾结起来羞辱一名学生（有时一直只针对一名学生），这种勾结有可能非常恶劣。而羞辱一只小蜈蚣的风险要远低于羞辱一只老鹰。

被欺负的孩子才能改变这段关系，但他缺少方法

同样地，贝特森还以不同的视角解读了校园欺凌中包含的各种信息：这份解读并不是想鼓励插手此事的第三方去识别受凌者和施凌者，而是帮助那个希望改变人际关系现状的人（受凌者）。很显然，占据主导地位的那些人（施凌者）并不希望局势发生改变。但矛盾的是，他们如今成了所有（徒劳的）调解者所针对的对象。

除此之外，瓦茨拉威克还说过："我们治愈的不是人，而是关系。"所以我们不会去改变受凌者或施凌者的性格，我们要改变的是他们之间发生的事情。

以下就是我们设定好的故事背景以及那些主要人物角色，如图 5.1 所示。

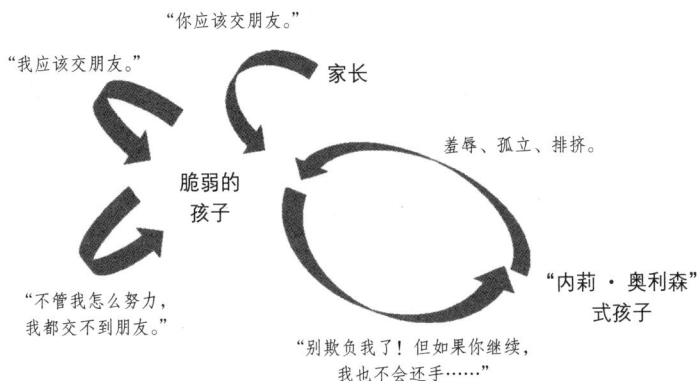

图 5.1　故事背景以及主要人物角色

玛丽娜·布兰查特 / 绘

图片来源：法国转向短期心理治疗培训中心（Virages）

那么，那些为了减轻受凌者的痛苦、打破恶性循环而被普遍采取的干预措施效果如何呢？

被欺负的孩子目光呆滞，惶惶不安

不同于其他心理流派的疗法，焦点解决短期疗法认为：在人际关系问题中，起决定作用的不是一个人的心理，而是他与世界的关系。

然而，一个人会从之前的人际交往经历中得出概括性的结论，而这又决定了他与其他人、与世界互动的方式。例如，如果一个孩子在家庭中被教导表达情绪是危险的，那么他会认为这个道理在任何情况下都适用，他会倾向于一直隐藏自己的情绪。但有时，不表达情绪并不正确。这种认知并不意味着这个孩子的心理结构有缺陷，只能表明他所受到的人际关系教育过于泛化而没有考虑具体的情境。被我们奉为金科玉律的认知在某种程度上塑造了我们的生活，使我们固执地将它们应用到各种类型的人际关系中。从我们的角度来看，这很合理；但从另一个角度来看，我们可能是别人眼中的怪咖。正如唐·杰克逊所说："发疯不是个体行为，而是群体行为；在最开始，一家人会一起失控①。"

那些脆弱或受欺凌的儿童并没有典型特征。并不是所有肥胖、贫困、衣着不整的孩子都会在校园里被欺负。相反，如果对肥胖、贫困、衣着不整的孩子表露出特殊的担忧，反而会让

---

① 保罗·瓦茨拉威克曾引用过唐·杰克逊的这两句话。这两句话也被弗雷德里克·乔诺特写在《我们的解决措施制造了我们的问题》（*Nos solutions créent nos problèmes*）这篇文章中，该文章发表于 2009 年 6 月 8 日的《世界报》（*Le monde*）。——作者注

他们的心理更加脆弱。所有 16 岁以下的孩子都可以轻易察觉到这种脆弱性。

如果家长认为相对于理想的体重、身材来说，自己的孩子太胖了，并先入为主地担心体重问题会给孩子带来各种人际关系问题，那么体重问题就恰恰可能给孩子带来本可以避免的痛苦，因为家长的忧虑会蔓延到孩子身上，使孩子不知所措。"预测一件事会让这件事发生[①]。"

同样，将孩子的害怯或难以自控视为一种"病"，也会使孩子这类性格特征愈发明显，而这与父母最初的目的背道而驰。

如果家长以命令的语气要求孩子"随心所欲"，对一个害羞的小女孩说："去吧！别害羞，去找你的新朋友们玩！"那么她会更加害羞，而且当她真的去和新朋友们互动时也会更害怯。这样的发展方向是可以被预见的，即使她们还没有一起玩耍。

萨洛梅咬加布里埃尔的案例也说明了同样的道理：一旦老师和家长因不安而站在孩子和世界之间保护孩子，并且试图（自欺欺人地）降低孩子所处的环境的危险性，就相当于隐晦地

---

① 出自保罗·瓦茨拉威克的《创造自己的不幸》。——作者注

告诉孩子，在父母的潜意识中，他是无能的。父母甚至在下意识地尽一切可能将孩子的无能变成现实。

没有任何一位老师或家长考虑过对加布里埃尔做工作，因为他们不认为加布里埃尔拥有影响萨洛梅或改变这段关系的能力。他们只认为萨洛梅拥有影响和改变这段关系的能力。

老师和家长就是这样以孤立的、单向的方式分析问题的，他们总是根据孩子的心理或人格特点固化解决方案。这样的处理方式会让施凌孩子和受凌的孩子处于功能失衡的"茧房"中，孩子们的力量会更加悬殊（那些做出欺凌行为的孩子甚至不需要被告知，就能感觉到自己的势力更大了），而这与老师和家长的初衷相去甚远。萨洛梅"感觉到"大人们怀疑加布里埃尔的能力，也就增加了她继续咬人的欲望。

同样，虽然从统计学的必然性来看，认为受凌学生曾受过创伤或其原生家庭情况糟糕（通过心理分析也能推理出同样的结果）有时是正确的，但这种思考方式没有考虑到"此时此地"（即在学校中）双向互动的重要性，忽略了施凌学生与受凌学生之间的互动与沟通。因此，这种思考方式可能导致老师和家长无视有效的解决办法。无论是把施凌学生视为需要被惩罚的罪犯，还是认为受凌学生被欺凌情有可原，这两种看待人际交往问题的角度都是一样的，都无视了至关重要的施凌学生和受凌学生的互动和具体问题具体分析的思考方式。

第二部分

介入校园欺凌的主体有哪些?
他们在做些什么?

第六章

充满善意的学校

没关系，会有一位与你同龄的"英雄"拯救你！

法国教育部 2012 年发布的反校园欺凌宣传短片以"辱骂""谣言""耳光"为主题，展现了三个关于校园欺凌的故事，用凄美的现实主义手法精准地还原了那些受凌学生告诉我们的情况。

不幸的是，这三个故事的结尾却并不真实。

因为其中两个故事都出现了与受凌学生同龄的、英雄般的孩子，他成熟、英俊，勇敢地站出来抨击施凌学生的恶行。正是这位"英雄"的出现，才让施凌学生产生了一点儿负罪感。在另一个故事中，老师对学生间的欺凌行为产生了警觉，并采取了必要的措施直接惩罚或让他人惩罚了做出欺凌行为的学生，这些作恶的学生立即意识到了自己的错误并且痛改前非。不幸的是，大部分真实的校园欺凌事件的结局并不是这样的。另一位同龄的拯救者也许存在，但我上一次遇到这种情况还是在六年前——拯救者是一位非常典型的"黛安娜王妃"式女生。这种类型的互动恰恰会美化"黛安娜王妃"式孩子的形象。因此，这位女生获益颇丰且毫无损失，她的绝大多数同龄人得不到这么多好处。

但我对这种拯救方式的推广持悲观态度，因为指望"黛安娜王妃"式孩子的拯救就等于否认受欢迎的学生对维持正义的关键作用。在我看来，这种拯救方式并没有体现在上一章提过的双方学生的互动，希望推广这种拯救方式的人仍然在用片面的眼光看待问题，并未考虑更广泛的社会背景——事实上，很少有孩子愿意拿自己的人缘做赌注去替别的同学打抱不平。

大多数围观学生（既没有引导也没有实际参与校园欺凌的孩子）无法解释为什么不帮助在他们面前被欺负的学生。就算我们向围观学生保证绝不会评判他们行为的对错，他们最后也会认为，为受凌学生发声所承担的社会风险太大，而且对自己几乎没有任何好处。

此外，在我看来，暗中鼓励孩子成为"英雄"的做法不仅不切实际，还在受凌学生和现实世界之间建立了屏障，相当于让"英雄"代替受凌学生处理问题。虽然有一个英俊勇敢的同龄人行侠仗义是件好事，但这位"英雄"仿佛在说："凭你的能力是处理不了这件事的。交给我就好，以我的能力足够摆平这件事情。"

2013 年 11 月，两部新的反校园欺凌短片取代了之前的短片。然而，这两部短片内容的准确性及客观性不如先前那部的，甚至还传播了更多错误的观念：两部短片中的两位当红明星自曝曾经是校园欺凌的受凌者（这会让观众惊讶地意识到，校园欺凌没那么可怕，受凌学生完全可以毫发无伤地全身而退），他们当时没有把自己的遭遇告诉别人（事实上，这两位明星像大多数人一样，认为告诉别人自己被欺负只会使人际关系问题变得更严重）——即使他们表示应该把欺凌事件告诉身边的人。

"真的吗？如果连明星都没有告诉别人自己在学校受欺负，那么我为什么要告诉别人呢？"被欺凌的孩子在看到这两部完全与现实脱节的短片时，一定会这样问自己。此外，这两部短片隐秘地传递了这样的信息："你无法凭一己之力阻止别人继续欺负你，向那些比你更有能力、更有权力的人求助吧。"

向我求助吧！因为你无能为力

一些具有权威性的机构广泛地传播这种意蕴深厚的信息，对此我大为震惊。

孩子们接下来要怎样看待这个世界？如果学校暗示孩子们，他们不具备解决问题的能力，他们又将如何自信地面对这个世界？

令人震惊的是，受凌学生会很快相信自己对校园欺凌无能为力，而职场欺凌中的受凌者也持相同的态度。人们普遍认为只有施凌学生或职场中的施凌者才能终止欺凌事件，因为他会突然醒悟（道德意识觉醒），或将受到上级的惩罚。正是这种想法纵容了那些善于操纵的、自恋的变态者（我无法将其定性为病人或坏人），并以一种既羞辱人又强硬的方式束缚了那些无法反抗的弱势人群：这种方式之所以是羞辱人的，因为它否认了受凌者改变局势的能力；这种方式之所以是强硬的，因为它导致弱势人群畏缩不前，只能祈求对方能够停止欺凌。

我的一个成年来访者曾向我寻求帮助，以克服对蜘蛛的恐惧。最近，在看到一张宣传我的讲座的海报后，她对我说，在小学五年级时，她在放学回家的路上曾被班上的女同学们暴打过。因此，她找了一个非常强壮的男孩瓦伦丁当她的"保镖"。在学校里，瓦伦丁跟在她的身边，当有人想要欺负她时，他就会做出凶恶的表情。作为报答，她帮他补习数学功课，并在班委会上为他辩护。

在我看来，这个案例涉及非常巧妙的人际关系技巧。我的这位来访者向欺负她的女同学们传递了一个信息，即她具有一种能够巧妙地保护自己不受伤害的人际交往能力。她利用自己身边的资源，亲手建立了巧妙的人际交往能力。这无疑是她当时获得的最宝贵的人生经验，而且还是靠她自己一个人做到的。

有时，特别是在遭受人身攻击或勒索的情况下，我们建议受凌者与一名或多名同学有策略地进行合作。但必须是受凌者鼓起勇气先发起谈判。这样一来，他就打破了自己无法处理人际关系问题的恶性循环。还应注意的是，如果孩子得到了无须回报的免费保护，他的自信心就会大大增强。

善意的初衷，但策略毫无效果

交流会上一些热情的发言者认为，面对校园欺凌事件，讨论、辩论、制订规则、呼吁学生举报和惩罚那些不遵守规则的人，是原则上唯一可行的解决方案。我认为这种有失偏颇的立场可能会冒犯一些儿童教育从业人员。

然而，不少儿童教育从业人员承认自己在处理校园欺凌事件时只是不断重复相同的流程，弱势儿童承受的痛苦其实并没有减少。因为在与孩子的朝夕相处中，他们非常了解，在学习处理人际关系时，儿童和青少年并不依靠遵守制订的规则和接受成年人的制裁，而是依靠从观察和承担自己的行为后果（特别是人际关系所产生的后果）。家长也许应该注意，当儿童教育从业人员帮助受凌学生而不是对施凌学生进行道德教化时，他们总是好心地告诉家长，欺凌事件确实出现了更多转机。

学校目前的干预策略倾向于惩罚施凌学生。下面让我们来看看家长的干预策略。

第七章

"多尔托"式父母的问题

初始状态："我和孩子的关系非常好。"

有几代（大约3代）家长认为，和孩子相处融洽的父母就是好父母。这类家长有一个好听的名字——"多尔托"式父母，我们经常在工作中和他们打交道。

乍一看，他们的想法似乎没什么伤害性，甚至很有道理。如果用鸟和巢打比方，"多尔托"式父母之前的几代父母往往认为，好父母意味着帮助孩子离开家庭的"小巢"。这几代父母的教育观就是，父母要"轻啄"的"雏鸟"，让他们在父母的"巢穴"中感到略微不适。

"多尔托"式父母不会"啄"他们的孩子，相反，他们会尽可能保护雏鸟不受伤害。然而，这样的做法在或近或远的未来产生了相反的结果。

实际上，用"多尔托"式父母的育儿原则教育孩子往往会产生糟糕透顶的结果。因为亲子关系一旦出现矛盾，"教子无方"的责备就会一刀刀"砍"到父母的头上，父母会因此"掐断"或不再表达自己的负面情绪，以此来创造温馨和谐的家庭氛围（可怕的幻想）。这类育儿原则还会导致父母回避和孩子的冲突，并最终在与孩子的谈判中妥协。显然，这只会不断让孩子认为：在家里，我可以通过尖叫、跺脚和哭泣得到想要的东西。

父母拼命想让孩子平静下来，但没有成功；而孩子行为乖张、脾气暴躁。双方的力量在博弈中此消彼长。这是我们在现代家庭咨询中经常看到的场面。这种场面经常以父母让步（父母最终臣服于孩子，即便他们并不甘心）和孩子认为自己天下无敌而告终。至少在这种关系中，孩子的自傲是行得通的。

开始担忧："如果有人欺负你，你会告诉我吧？"

这种对"好父母"的看法显然影响了孩子与同龄人的交

往——这种情况通常出现在对孩子很上心的父母身上。正如我在前文解释的那样,"多尔托"式父母真心实意地想要保护孩子免受来自这个世界的痛苦。显然,他们不仅没有达成目的,甚至还造成了相反的结果。这又迫使他们加强对孩子的保护,而孩子又会因此变得更加脆弱,不断陷入人际关系问题的恶性循环。

具体而言,一旦孩子在学校里与其他同学起了肢体冲突并感到痛苦(父母会通过和孩子交谈知道很多细节,而且孩子在某个年龄段之前也会和父母谈很多事情),"多尔托"式父母会在爱和保护欲的驱动下,像狼一样出手,用多种方式进行干预以试图解决问题。

第一种方式:"多尔托"式父母要求学校惩罚施凌学生,以确保自己的孩子得到保护。

这种方式有两种可能的后果。

一是学校行政人员答应受凌学生的父母的要求。因为他们也认为,应该有外部力量介入欺凌事件来帮助受凌学生。这种方式的风险是校园欺凌不仅不会好转,受凌学生反而会遭受报复(多里安在体育馆前被高年级学生暴力推搡就证明了这点)。

更别提亲子关系恶化的风险了，多里安的母亲就痛苦地经历了这件事。

二是学校行政人员不答应受凌学生的父母的要求。学校行政人员有时会认为，应该让这些学生自己解决问题，学校不应干预，而应该让事态自然发展。这种态度会使受凌学生的父母极度恼火，并使他们更疯狂地升级自己对孩子的保护，而孩子人际关系问题的恶性循环不断升级、加速。

第二种方式：如果在向学校提出干预请求之后，校园欺凌没有改善或恶化（这种情况经常发生），"多尔托"式父母（尤其是小学生的父母）一般会要求一名施凌学生的父母或一群施凌学生的父母教育（惩罚）自家孩子不再作恶。

一种可能的后果是：被提醒的父母会对自己孩子的所作所为感到非常吃惊、恼火且内疚；他们会严厉地批评或惩罚孩子，孩子因此停止了欺凌行为。但这并不意味着被欺负的孩子从此就安全了，因为他没有学到任何处理人际关系问题的技巧，只是知道自己没有自我保护的能力。此外，这种方式有很大的风险，因为它忽略了学生在学校里的"名誉"，只是将问题转移了，并没有从根本上解决问题（被欺负的孩子还是不会自我保护）。事实上，名誉并不仅仅存在于公司里。在学校里，说"某某是个告密者"（被批评或被惩罚的孩子很可能第二天在学校里这么说）就意味着被欺负的孩子既没道义又没武力。这种传言会像野火一样在学校里蔓延开来。

另一种可能的后果是：并不是所有施凌学生的父母都有上述的反应，有些父母（一开始被别人在背地里称为坏父母，后来很快就被别人在明面上称为坏父母）如果被攻击就会反抗。有时我们会看到几位家长当着目瞪口呆的孩子们的面，在学校门口大声争吵（甚至打架）。可以说，此时，孩子们已经不是欺凌事件的主角了。

第三种方式：这是最糟糕的一种方式，然而我们观察到越来越多的小学生的父母采取这种方式介入校园欺凌事件——"多尔托"式父母可能亲自去找施凌学生，并对他们进行批评教育。这显然会破坏孩子（受凌学生）处理人际关系问题的能力。当然，更不用说，这对八九岁的孩子来说是一种耻辱。

第四种方式：父母走投无路，决定给孩子转学。

这又是一种单方面解决问题的方式，即只考虑改变受凌学生所在的环境。并且受凌学生的父母认为，应该是环境适应孩子，而不是孩子主动适应环境——当然，这也是可以的。但不幸的是，大多数情况下，环境无法适应孩子，在新环境中，孩子仍然会因为不会处理人际关系问题而陷入痛苦。这种情况下，被欺负的孩子会更坚定地认为自己学习处理人际关系毫无意义，他会有理有据地告诉自己，无论环境如何，他都会被欺负（这是错误的想法）。这种恶性循环怎么会在未来的某一天突然改变呢？

第五种方式：如果"多尔托"式父母不准备介入欺凌事件，他们会给被欺凌的孩子以下建议——"只要装作没有听到、做出不关心的样子就行。"他们经常告诉孩子"我们反对暴力"或"不能以暴制暴"。

以上五种"多尔托"式父母的干预方式的本质都是一样的：父母没有教孩子改变校园欺凌的关系结构的具体办法，甚至没有鼓励孩子朝这个方向努力。在前三种方式中，父母取代孩子进行了干预。在第四种和第五种方式中，父母建议孩子什么都不要做。综合所有可能的情况后，"多尔托"式父母会告诉孩子："不要擅自做主张。"父母和学校站在了一起，都认为孩子必须借助外部帮助或让他人代替孩子摆平事情。

这些对待校园欺凌的方式所包含的信息具有双重含义：一

方面，它是一种父母表达"我爱你"或学校表达"我关心你"的真诚的方式；另一方面，孩子除了感受到了爱和关怀，还接收到了"你没有能力（处理人际关系问题）"的隐含信息。很不幸，孩子对第二条信息的接受度与第一条相同。孩子在世界中最重要的人和本应起教育作用的学校这样评价孩子的社交能力，很难不令人伤心。

因此，我经常在咨询中告诉那些自我感动的"多尔托"式父母："在育儿过程中，你们用爱和忧虑'调配'了一杯会（对孩子健康成长）起反作用的'鸡尾酒'。"这既让他们感到惊讶，又在情理之中。爱就是对孩子的能力有信心。

开始发怒："这些小混蛋应该立马停止欺凌！"

当学校或父母介入时，各种对施凌学生做的工作都会向施凌学生发出双重信息，第一个信息是："你很坏。"这条信息对施凌学生产生的影响会随着施凌学生年龄的增长越来越小（这种评价甚至从未触动过某些孩子，比如萨洛梅）。第二个信息是，调动成年人参与一个本来与他们无关的问题需要费很大的劲——这条信息相当有意义。

此外，如果比起教导或任何惩罚，施凌学生更看重人缘，那么他唯一吸取到的经验就是以后要更狡猾地欺负别人，以便减少惩罚。但他始终做好了被惩罚的准备（因为欺凌别人这件事值得冒险）。随着时间的推移，他将变得越来越狡猾。

因此，这些干预方式并没有"螺旋式上升"地解决这个问题，反而加剧了问题的严重性，尽管它们的初衷并非如此。学校和父母虽然看到这些措施没有用，但仍继续做着同样的事情。这就是所谓的有爱心的、有智慧的、开明的父母和热情的、善良的、细致的儿童教育从业人员——他们致力于减轻孩子的痛苦，但因为看不到任何其他可行的解决方案，所以只能被身边的焦虑和无用的干预方式感染，继续迷失在这样的干预方式中。

介入和袖手旁观经常产生同样的效果

这也解释了为什么家长很难帮到孩子。我们认为袖手旁观会加重事态,因为它会让欺凌事件不断升级。更确切地说,我们多次遇到家长持这种态度,即对介入欺凌事件没兴趣,并声称学校是社会的缩影,孩子们必须自己解决问题;仿佛在未来较长的时间内,欺凌事件对受凌者和施凌者的成长都不会产生明显的影响。还应注意的是,持这种立场的往往是受欢迎的学生的、施凌学生的家长,他们认为孩子的这项品质,将使他在以后的生活中取得成功;因为他不会任凭自己被别人"踩在脚下"。不难看出,这种家长看待世界的角度,特别是对校园欺凌的看法,强化了施凌学生认为自己无所不能的幻觉,并且进一步恶化了校园欺凌。

第八章

畏缩的孩子们

"住手……"（但你如果继续这样，也不用承担什么严重的后果）

学校试图通过责令被欺负的孩子寻求外部帮助来保护他；这样一来，校园欺凌中的每个角色都更加明晰，每个角色的地位也更加牢固了。

父母往往忍不住代替孩子出面解决问题。因此，即使父母的本意并非削弱孩子的力量，让孩子感到自己无能，但是也造成了这样的结果，恶化了校园欺凌这种畸形的人际关系。而少数父母采取的漠不关心的态度，也纵容了施凌学生无法无天的欺凌行为，巩固了受凌学生的弱势地位。

那么，被攻击、被孤立或被骚扰的孩子们会怎么办呢？

一般情况下，这些孩子在受欺负时只会小声说"住手"或什么都不说，这样使施凌学生更加坚定了不收手的主意，因为欺负别人对他来说有百利而无一害。

从受凌学生的肢体姿态上来看，他想让自己成为一堵能被别人随意穿过的墙，他试图与周围的环境融为一体而不吸引任何注意力。在很多案例中，受凌学生会被反复排挤、拉回，然后再次被排挤出一个小团体 ①。她没有任何反抗地接受了被排挤或被拉回，有时只是小声地抱怨一会儿。一名陷入这种困境的女孩经常向我倾诉，她不知道平时的好朋友们为什么突然有一天在学校门口，不回应她的打招呼，还避开她的目光，就好像没看见她似的。所以，当她被排挤出小团体时，除了暂时离开外，她很难做出其他反应；当这个小团体不再继续惩罚这名女孩（依然没有任何理由）时，这名女孩虽然会稍微抱怨几句，但最终依然会重新回到这个她如此需要的小团体，其中隐含的问题（施凌学生与受凌学生的关系结构僵化）也因此被放大了。

---

① 我观察到"排挤、拉回"现象主要发生在女性群体中。2011年3月国际校园欺凌观察站的调查证实了这一点：56% 的女孩说她们曾被某些学生排挤，而有此遭遇的男孩比例为 49%。——作者注

"住手……"这条信息可以从两个层面进行解读。

在内容层面上，"住手"的字面意思是"停下来"，但因为语气很弱，所以这句话其实加强了校园欺凌的关系结构所包含的信息："继续吧，你的人缘很安全，因为我不会给你带来任何风险。"

在信号层面上，与"住手……"这个词同时释放的信号比其字面意思更丰富、更有逻辑，而这些信号传递着最重要的信息。正如贝特森所解释的："这些信号显然比它们本身要传递的信息更具逻辑性。在人类社会中，信息与有意义行为的形成和分类是非常复杂的。而且，能够代表关键区别的词汇非常少；所以那些高度抽象和极其重要的信息的传递，**必须借助非语言手段：态度、姿势、面部表情、语调以及语境。**"[1]

在特殊的欺凌事件中，这声"住手……"所包含的怯懦经常被受凌学生软弱的语气、畏缩的姿势出卖。他如果不改变，时间一长，就会产生一种令人忧虑的被动感，想蜷缩着在自己的内心中避难。

---

[1] 出自格雷戈里·贝特森的《迈向心智生态学之路》。这篇文章收录于《焦点》丛书，由巴黎塞伊出版社出版。加粗部分为本书作者所为。——作者注

因此，不是受凌学生所说的内容，而是他回应的姿态以及多次暴露在施凌学生面前的脆弱，告诉了施凌学生可以继续欺凌他。

"别这样！但还是继续吧……"

一些孩子在受到欺凌时会做出像杰瑞米说脏话一样的反应，这是因为他们在平时受欺负时反应没那么大[①]。

这些孩子的情绪爆发创造了一个非常有趣的场面。他们的反应（比如大发脾气、剧烈抽搐或无法压制的、滑稽的抽泣）往往是不由自主的。这时，被欺负的孩子展露了幼稚的一面，进一步削弱了自身的力量而加强了对方的力量——因为当被欺负的孩子失去自我控制能力时，他事实上处于非常低的地位。当杰瑞米以一种更粗暴的话语侮辱他的哥哥时，他的哥哥反而

[①]　杰瑞米在情绪爆发时说脏话的确是他的临场反应。情绪爆发就像压力锅爆炸一样，如果孩子平时对反复的讽刺和侮辱没什么反应，那么他的情绪积攒到某种程度便会爆发。——作者注

将弟弟的情绪失控当成笑话。

正是弟弟近乎歇斯底里的语气，让他的哥哥从欺凌中获得了乐趣。弟弟的语气暗含的信息是："继续吧，你让我对事情失去了掌控，这让大家都看到了你可以操控我。"这正是杰瑞米的哥哥的目的。

在咨询中，我们遇到过那些能让整个班都跟着他跑过去看热闹、找乐子的孩子，更不用说那些在家中欺负弟弟妹妹的哥哥姐姐了。那些哥哥姐姐陶醉于可以控制并教训弟弟妹妹的感觉中；他们经常这样，他们的母亲甚至也经常维护他们。做父母的读者看到这里应该明白了，维护长子是非常糟糕的主意。

图 8.1 是我们总结的不同主体介入欺凌事件的各种方式。所有介入的主体都加强了受凌学生的脆弱，这一结果与主体的初衷是矛盾的。这些干预手段既没有提高孩子处理人际关系的能力，又让孩子感到事情不会好转。

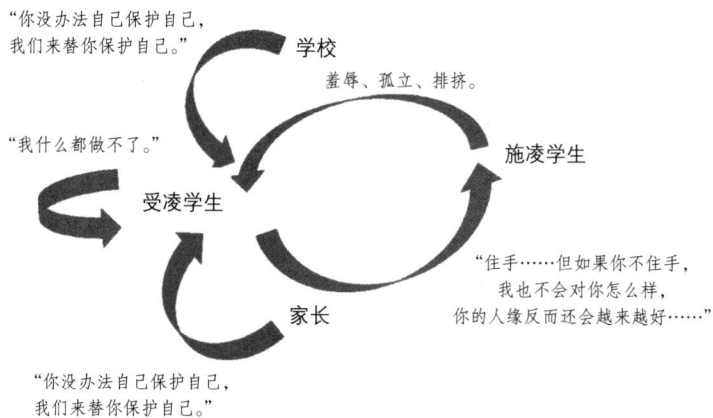

"你没办法自己保护自己，
我们来替你保护自己。"

学校

羞辱、孤立、排挤。

"我什么都做不了。"

施凌学生

受凌学生

"住手……但如果你不住手，
我也不会对你怎么样，
你的人缘反而还会越来越好……"

家长

"你没办法自己保护自己，
我们来替你保护自己。"

图示 8.1　主体间的互动

玛丽娜·布兰查特/绘

图片来源：法国转向短期心理治疗培训中心

第九章

网络欺凌：24 小时的欺凌

法国教育部对网络欺凌的定义是，"网络欺凌，指利用信息和通信技术故意伤害他人，并在一段时间内重复伤害他人的行为"[1]。这个定义似乎很恰当，因为它指出如今的欺凌工具改变了，但欺凌本质并没有改变。而法国教育部 2011 年发布的《打击学生间网络欺凌的实用指南》指出，这种现代的欺凌形式隐藏着某些具体特征，以下是一部分特征：

1. 网络欺凌可以随时发生，并且没有任何安全地方对受凌者来说是安全的：受凌者在校内、校外，甚至在家里都可能遭遇欺凌。

---

① 引自法国教育部 2011 年发布的《打击学生间网络欺凌的实用指南》（*Guide pratique pour lutter contre le cyber-harcèlement entre élèves*）。——作者注

2.网络谣言的扩散具有即时性、瞬时性、传播范围广的特点。

3.即使网络欺凌停止了，为欺凌他人而传播的内容也不会在网络上消失。

4.网络的虚拟性使受凌者无所顾忌地反击、批评，这导致语言暴力逐渐普遍化。

5.60%受到网络欺凌的年轻人在现实生活中也受到了欺凌。

6.60%在网络上攻击别人的年轻人也有网络上被他人欺凌过。

基于其中的一些特征（但显然不是指最有意思的最后两个），一种终结网络欺凌的办法应运而生。在我们看来，这种办法的重点是谴责、进行道德教化和惩罚。然而，内心脆弱的被欺负的孩子还是无法从这种办法中学到任何处理人际关系问题的经验。

对儿童或青少年来说是一种可怕的失控，对他们的父母来说也是如此

我记得在高中时，学校里有一个流言：一名女学生与一位西班牙语老师有不恰当的关系。一些同学在一种我难以理解的仇恨的驱使下，在学校里许多显眼的位置喷涂了露骨的具有侮辱性的言语的涂鸦，为的就是诋毁这名女学生。或许这些学生是因为曾被抛弃才产生了如此恶毒的想法。在这场"全校猎杀"刚开始时，这名女学生有时还会试图抹去涂鸦，或躲在学校的某个角落里，但都徒劳无功。

后来，她放弃了反抗。接下来的日子里，这个非常漂亮的金发女郎总是精神萎靡地走进教室，她的眼睛向内凹陷，面无笑容。她非常痛苦，我为她感到心痛。第二年，她的父母将她转到了另一所高中。

每当青少年向我倾诉他所遭受的网络欺凌时，我都会想起这名女学生的遭遇。受凌学生（就像前文提过的巴斯蒂安）会感到一切都失控了。失控感带来的焦虑，和被拒绝、被羞辱引

起的痛苦一起加在了受凌学生身上。受凌学生每次打开手机或电脑都是在伤口上撒盐，但他几乎不可能忍住不看网络上的新攻击，否则失控感会变得更强烈。

"那些网上传播的照片会让校园里不认识我的人认出我，并加入欺凌的队伍中（哪怕只是嘲弄地看着我）。但他们并不了解我，我也不知道他们是谁。在我的一生中，任何人都有可能看到这些卑鄙下流的文字、有辱人格的照片，这就像一个无法抹去的污点。"

所有这些因素加剧了受凌学生的痛苦。父母和学校也因此感到焦虑，不幸的是，他们往往想出的是无效的解决策略。

一些更不负责的解决策略

相比于传统欺凌，网络欺凌更恶劣。二者存在程度上的区别，但在本质上并没有区别：网络欺凌在内容上的攻击性更强，其形式往往更复杂；但网络欺凌的关系结构与传统欺凌的是一样的。

然而，如果说人们习惯用"施凌者－受凌者"和"道德教化－保护"的眼光和办法来应对所谓的传统欺凌是糟糕的处理方式，那么人们处理网络欺凌的办法就更糟糕了。与学校中面对面发生的欺凌事件不同，网络欺凌中"施凌者－受凌者"的角色更容易互换。这应该令相关人员想到，如果大多数儿童或青少年在网络上既是施凌者又是受凌者，那么网络欺凌所体现的应该是关系性质的问题，而不是个体性质的问题。因此，想解决校园欺凌问题的人寻求的应该是一种关系性的，而不是个体性的解决策略。

但是，事实恰恰相反。

在学校和家长处理网络欺凌的过程中，并没有对受凌学生采取措施；被欺负的孩子还是完全处于受凌者的地位。学校或家长只会告诉孩子，这不是他的错。这确实不一定是他的错，但问题是，这种情况是否还会发生？被欺负的孩子应该怎样处理线下、线上的人际关系才能避免欺凌事件再次发生？这些问题往往都没能得到回应。学校和家长认为欺凌事件的发生不是受凌学生的错，所以免去了他学习处理人际关系的责任。

我们的社会也理所当然地规定了两个，而不是一个罪魁祸首：其中一个是恶毒的网暴者，另一个是"可怕的"互联网本身。近年来，一些电视节目以网络欺凌事件为题材，为了博人眼球，采用夸张的剪辑方式来描述事件，故意引发观众的焦虑；观众因此开始相信，法国大部分青少年自杀事件应该归咎于互联网和那些 15 岁的变态的自恋型操纵狂。

然而，很明显，怪罪互联网并不符合逻辑，因为如果我们摧毁社交网络，欺凌事件也会不可避免地"附着"在一种媒介上。正如我在第三章中所说的，"人缘综合征"及其带来的痛苦早在几十年前就产生了——并不是社交网络创造了校园欺凌。

社交活动仿佛带来了更多痛苦。人们更加疯狂地用那些无用的办法试图解决问题，但是这加重了问题。

总结一下，对那些支持施凌学生被学校处分或被进行刑事制裁的慌乱的父母们，我通常建议他们在上诉之前，先帮助受凌学生从人际关系的角度解决问题。在帮助巴斯蒂安面对社交平台上辱骂他的同学时，我就采取了这样的措施。而且这件事本身就没必要走法律程序，至少巴斯蒂安不想提起诉讼。我帮助过的其他青少年同样不希望上诉。

第三部分

家长们，无论你们是不是"多尔托"式父母，都轮到你们出马了！

第十章

将所有尝试过的办法进行 180° 转变

焦点解决短期疗法

作为一个天生的实用主义者，我不喜欢说教（只有在绝对必要的时候我才会这样做）。但我同时确信，作为父母，当我们被孩子的痛苦压得喘不过气的时候，聪明而有效的做法的确是向合理而扎实的理论寻求帮助，而不是听信于那些"一刀切"的经验与办法。

焦点解决短期疗法可以用于解决校园欺凌问题，因此，我要先在本章带你快速了解它的理论前提，以建立你的认知基础，然后再在下一章带你分析具体的欺凌事件。我将尽可能让本章的小型科普简单易懂。

帕洛阿尔托学派的焦点解决短期疗法的两个主要特点是：

1. 那些尝试解决问题的方法往往强化和加重了问题。

我沿用迪克·菲施的观点，将那些方法称为试图调解。

2. 因此，有必要找到一种方法，来代替无效的试图调解，并且在大多数情况下，用那些与试图调解相反的解决措施，也就是180°转变，取代现行的办法。

那么，该如何操作呢？让我以父母的习惯做法为例为你解释，因为这本书是写给父母的。

1. 首先，父母在字条上写下所有尝试过但没起作用的措施。例如，"要求学校干预""要求施凌学生的家长惩罚施凌学生""直接去找施凌学生，要求他停手""给孩子转学"……

2. 列出这些无效的措施后，父母需要在逻辑上更进一步，用最简单和最详细的类别对失败的措施进行分类，比如把写有同一类型尝试措施的字条装进一个信封中。例如，分类的主题是"你没能力解决问题，我会处理它"，这一主题的信封中装着写有"要求学校干预""要求施凌学生的家长惩罚施凌学生""直接去找施凌学生，要求他停手""给孩子转学"的字条。

3. 分好类之后，父母需要将该类措施进行180°（不是

120° 或 150°，而是严格的、字面意义上的 180°）转变来帮助脆弱的被欺负的孩子。也就是说，新的干预措施必须与之前尝试过的措施的主题完全相反。就新措施的主题而言，在逻辑上与"你没有能力解决问题"相反的主题是"你可以改变事态"。

　　4.新措施的主题确定下来后，父母需要在逻辑上后退一步，制订一个具体的、孩子可以做到的、与具体情况相适应的措施。这个措施要与已经尝试过的措施完全相反，并实现父母期待的转变。你将在接下来的章节中看到与"你可以改变事态"相关的具体措施。

图 10.1 总结了这四个步骤：

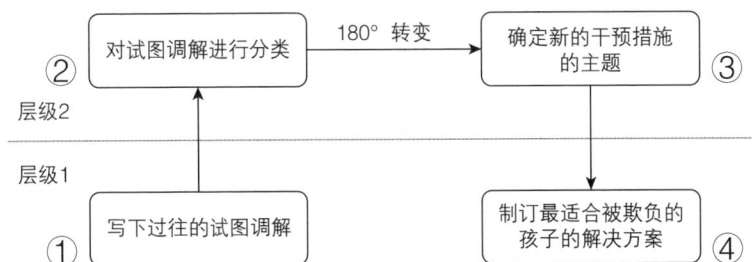

图 10.1　进行 180° 转变

如果我们现在以父母通常的试图调解为例，我们可以将这四个步骤做如图 10.2 的拆解：

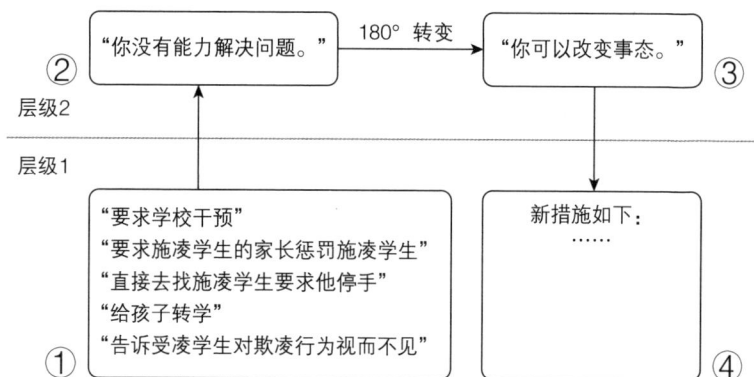

图 10.2　将父母通常的试图调解进行 180° 转变

父母：站在孩子身边，而不是阻挡在他与世界的中间

父母的 180° 转变意味着不站在孩子和世界之间保护孩子，而是站在他身边，陪伴他**独立解决问题**。父母教涉世未深的孩子如何处理人际关系，实际上比试图替孩子解决问题更有效，主要是因为这样其实是给了孩子理论工具，以便他将来能够举

一反三地将这个理论应用到相似的情况中。同时，父母显然不必再求助于其他"权威人士"，否则这个帮助被欺负的孩子发挥主观能动性的理论工具就失效了。

此外，当我与教师、持续专业教育人员、学校的护士／医生或其他任何需要处理校园欺凌的儿童教育专业人士进行沟通时，我也建议他们采取同样的措施：陪伴脆弱的受凌学生，使他的内心变得更加强大。

关于这种让受凌学生承担责任的观点，经常有儿童教育专业人士在交流会上问道："为什么不把这个观点传递给当事人，直接去问那些受凌学生可以做些什么来改变这种状况呢？"从理论上来讲，他们是正确的；然而他们忘记了一个极其重要的事实，那就是正是因为受凌学生不知道该怎么做，所以他才什么也不做或做得很少；而且正如我所指出的，受凌学生坚信自己没法解决问题。因此，如果成年人问他他能做什么，受凌学生就会立刻想到自己什么也做不了；在我看来，向受凌学生提问相当不明智，因为我们需要他做的就是动用他所有的能力来实现他自己的 180° 转变。

我相信，父母和孩子的 180° 转变会让孩子深刻而持久地改变对自己的看法。被欺负的孩子是否亲自构想了自己的新面貌并不重要，重要的是，他可以在学校里扮演这个角色，在几秒钟内摆出自己梦想中的姿态。这就像多里安向我解释的那样，在睡梦中，他变身超人，打败了所有作恶的同学。

在受凌学生完成自己的180°转变后，他们中的许多人对我说："我做到了，仿佛当时您就在我的身边。"这就是为什么家长应该有一种可以让孩子依靠的、坚定的态度。父母在教孩子如何处理人际关系时，参考这个著名的180°转变，成功率会更高。

"对那些施凌学生说：'继续吧！'（而不是下意识地、怯懦地说：'住手……'）"

针对解决人际关系中的不同问题，我会提出一个或多个完全不同于受凌学生尝试过的方法。

有时我会遇到一些（年轻的）孩子们，他们非常想参与到我所说的"反抗之箭"的制作中。很明显，在这种情况下，我会倾向于与他们合作，我也希望你这样做。

图 10.3 可以用来总结孩子应对校园欺凌的方式的转变过程。从某种程度上来说，即便每个孩子都有不同的表现方式，这个过程也是具有普遍性的。

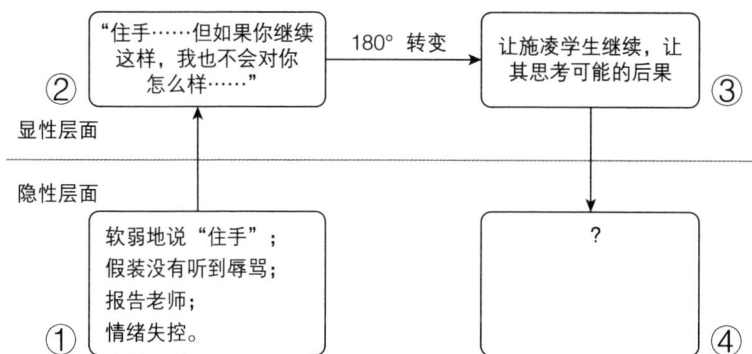

图 10.3　将受凌学生过去习惯采取的试图调解进行 180° 转变

让受凌学生对过去习惯采取的试图调解进行 180° 转变是相当棘手的，因为这个过程需要在两个层面上颠倒信息，以确保事态完全转向。首先是在显性层面，其次是在隐性层面。

在显性层面，为了实现 180° 转变，我们建议受凌学生说**"继续（骚扰、侮辱、排挤我）"**而不是软弱地说**"住手"**。受凌学生将以两种方式"说"出"继续"。

第一种方式是通过（身体）姿态。受凌学生会做出武装的姿态。这种情况并不少见，在大约50%案例中，当受凌学生带着"反抗之箭"来到学校，他不再低眉顺眼或试图把自己隐藏起来，而是带着满腔斗志，昂首挺胸，似笑非笑；这会让施凌学生立即明白，情况有点儿不对劲，再欺负受凌学生可能有风险，因此在"反抗之箭"没有被射出的情况下，欺凌就停止了（这让一些受凌学生感到很失望，因为他们非常想"射"出手中的"箭"……）。虽然受凌学生什么都没说，但他与施凌学生的关系结构正在发生微妙而有力的变化——消除校园欺凌的关键就在于改变关系结构。

第二种方式是利用"回旋镖效应"。一位来问诊的受凌学生曾经非常聪明地提过"回旋镖效应"。"回旋镖效应"指接受别人对自己的侮辱，而不试图辩护或反驳，这也是一种彻底的改变：不再说"住手，这很卑鄙"或哭泣、情绪失控、向成年人抱怨。受凌学生射出"反抗之箭"的第一步，需要说："你是对的，我很胖，我很矮，我穿得很难看……"这一步对表明"继续"的决心是极为重要的，只有迈出了第一步，受凌学生才能走接下来的第二步。

在隐性层面，也就是受凌学生在**让施凌学生"继续"**之后的射出"反抗之箭"的第二步，就是在"内莉·奥利森"式学生最在乎的一点——人缘上**制造后果**，以确保"回旋镖"以最初的力量回击到对方身上。而施凌学生往往对此毫无准备，因为他习惯了与受凌学生长期以来建立的具有重复性的互补型关系。

180° 转变带来的隐藏的变化是，在具有理论工具的受凌学生"射箭"前后，施凌学生对欺凌的看法完全不同了。施凌学生一旦察觉到了受凌学生"射箭"前后的变化，施凌学生就知道自己如果再欺凌受凌学生，就会有风险。

这种隐藏的变化就是主要的后果。正如贝特森所说，这种变化产生了积极的影响。因为受凌学生和施凌学生都获得了纠正性的情感体验，所以发生改变的不是某个学生的性格，而是双方的互动模式。

在"反抗之箭"制作完成并被"射出"之后，我们就可以试着总结它引起的双重转变了，如图 10.4。可以看出，到最后，关系结构也发生了 180° 转变。

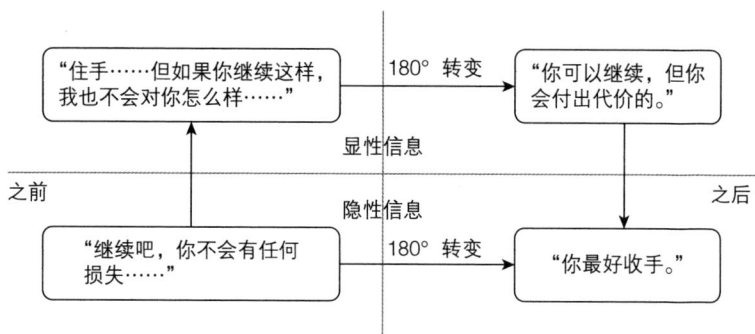

图 10.4　双重转变

　　正如我们前面所说的，学校中有问题的人际关系通常是一种互补型关系：一个处于高位的孩子打算保持这种关系，而一个处于低位的孩子每次懦弱地说"住手"时都会加速这种互补型关系进一步加深。

　　然而，正如贝特森所说："在互补型关系中稍微增加……对称性行为，就会对稳定事态起到很大作用。"[①]换句话说，如果被欺负的孩子不畏首畏尾，不加剧不平衡性，而将自己放在与施凌学生稍微对称一点儿的位置上，那么双方的互动模式就会完全改变，事态也会稳定下来，更不会出现互补型分裂演变或加深痛苦的事态升级。

---

　　①　出自格雷戈里·贝特森的《迈向心智生态学之路》。——作者注

受凌学生在传达的信息和姿态方面同时进行 180° 转变后，还应该在这段纯粹的互补型关系中增加一些对称性。"循序渐进的互补型分裂演变可能导致极端的不协调和突然的反转：愤怒可能突然变成悲伤；夹着尾巴逃跑的动物如果处于绝望的状态，也可能殊死搏斗；**虚张声势的人被挑衅时也可能变成懦夫。**"① 在处理校园欺凌时，这种突然的反转非常有趣，父母可以帮助孩子通过打破加深的互补型关系实现这种逆转。

① 出自格雷戈里·贝特森的《迈向心智生态学之路》。——作者注

第十一章

让孩子再次相信，家长有能力处理好欺凌事件

做出 180° 转变

前文中，多里安将自己比作《小淘气尼古拉》中默默忍受被别人欺负的阿南。被欺负的孩子往往不再相信成年人能帮助他们解决问题。这是因为：

- 大部分被欺负的孩子对第二章中提到的校园规矩有透彻的和基于他自己的理解：他们清楚不遵守第一条规矩的后果。而且他们明白，如果向大人打小报告，会很快招致报复；

- 最开始他们可能试图告诉大人自己正在受欺负。大人们善意地进行了干预，但情况变糟了。

如果你是被欺负的孩子的家长，孩子往往不相信你能解决

问题。特别是如果你是一位可爱的"多尔托"式父亲或母亲，那么你的孩子最迟在小学毕业时就会意识到，你善意的干预只会让他更脆弱。如果要为孩子提供理论武器装备，你将面临双重困难：

- 孩子很可能并不相信你能帮到他。

- 面对校园欺凌时，你很可能要完全改变自己的说话
  内容和行动。

除此之外，你可能像阿梅莉的母亲那样强烈怀疑你的孩子正在承受这种痛苦，但你的孩子显然并不想和你详细地谈论这件事情。

然而，打造一支有效的"反抗之箭"需要孩子非常准确地说明事情的来龙去脉，这样才能让这支"箭"更有针对性：一方面，家长要了解孩子大概在哪一方面被嘲笑；另一方面，家长要了解嘲笑方式，确定孩子已经尝试过哪些试图调解。

事实上，对像玛农那样低头哭泣的孩子和像杰瑞米那样失控地漫骂的孩子，我会"分发"给他们不同的"反抗之箭"。对担忧最坏情况的阿梅莉和已经面临最坏情况的巴斯蒂安来说，我会给他们提供完全不同的"箭"。

为了收集能有效指导行为的基本元素，定制"反抗之箭"，我们必须恢复亲子之间的信任。

为了恢复亲子之间的信任，父母需要一改往常的做法并做出补偿，比如对孩子说："我意识到（或感觉到）你在学校里很痛苦，而且到现在为止，我没能帮上你。但是，我最近对这个问题略有研究，或许我学到的东西可以帮你凭借自己的力量解决这件事。我犯过最大的错误就是插手这件事，妄想代替你解决问题（如果确有其事）。但如果你不想和我谈学校里的事情，我也理解，毕竟到目前为止，我似乎一直在帮倒忙。"

然后家长不要再和孩子聊太多。孩子来找你聊这个话题之前，家长就不要再提起这个话题了。如果家长和孩子的关系基本没有裂痕，而且孩子在学校里承受了巨大的痛苦，那么孩子就会主动再找家长。

可以提建议，但不要做硬性要求

当孩子找你谈论这个话题时（如果他真的这样做了），他肯定会表露出谨慎和怀疑的态度。"踩刹车"是个以退为进的好办法，你可以对孩子说："我大概明白应该怎么做，但我不确定那样做能否真的帮到你。我很可能出错，我真心希望你能在我做得不对的时候告诉我。"

孩子一定会在某一刻对你说："你在胡说八道些什么？"

你最好回答："你看，我就知道我还没说到点上。"

这将使孩子依赖父母的帮助。但风险是，家长会更依赖孩子。不幸的是，这种不断挖掘孩子内心的渴望的行为会像连通器一样：你越希望孩子打破恶性循环，他就越不想打破。因此，家长必须"踩下刹车"、放慢节奏，站在孩子身边并含蓄地说："只有你才能决定这一切是该继续还是停止。"

这就是我对玛农采取的策略。因为无法应对咄咄逼人的卡西奥佩，玛农只想让我劝说她妈妈给她转学，她的固执让我感到棘手——你可能已经意识到了这一点。只有当我给予她充分的主动权，并告诉她可以把我当作工具时，她才愿意接受我的咨询；直到现在，玛农还是想转学，即使她尚未说服她的妈妈。我确实把选择权交给了她，对这些经常被（过度）保护的孩子来说，这是一种前所未有的体验。

　　显然外人比家长更容易掌握这种慢节奏的、隐晦地对孩子说"我不会插手你的事情，如果你想解决问题，我只是你的一个工具"（这种态度本身就有治疗作用）的方法。这很符合逻辑，你孩子承受的痛苦（在很大程度上）也有你的责任，这也让你感到痛苦。家长经常做错的、应该避免的一件事就是试图说服孩子让家长帮助他——这注定会失败。而且，父母的这种态度类似于**阻挡在孩子和世界之间**。

　　因此，家长可以提建议，但绝不要做硬性要求。

　　你还可以借助另一个方法进行 180° 转变，那就是向孩子讲述本书中的孩子正在经历的事，并向孩子强调每个解决方案必须量身定做，"但尝试制作'反抗之箭'一定是个有趣的游戏"。然后，等待孩子再来找你，并且记得在他找你后"踩刹车"、放缓节奏。

　　你可以让孩子随身带着这本书，或让他们观看我做的关于校园欺凌的简短演讲①。这些行为可能激发他们向你求助，或至少是与你进行一个小讨论。

---

　　① 在网络上检索"帮助孩子有效对抗校园欺凌"（*Mieux armer les enfants contre le harcèlement scolaire*）即可。——作者注

一旦向孩子承认过失并让自己处在一个谦卑的位置上，你就"驯服"了孩子（家长在做过试图调解后，必须放低姿态；而且必须、且有必要完全改变自己往常应对校园欺凌的做法，因为作为已经毕业多年的成年人，我们早已不了解校园生活并且忘记其中的规矩了），来到了关键阶段——问询阶段。

第十二章

倾听孩子的心声，并接受孩子的情绪

点明孩子的顾虑

比起面对专业人士，孩子更敢在家长面前支支吾吾地、小声地抱怨。但我也完全可以理解有些被欺负的孩子不愿意对父母袒露心声。

在找孩子谈话时，家长应该考虑到这一点。你可以这样对孩子说："孩子，我知道你很难说出口，但我必须知道发生了什么才能帮到你。了解敌人才能取得胜利，现在你很了解你的敌人，但我还不知道他是什么样的人。所以，告诉我吧，他是在什么时候欺负你的？当时还有别人在场吗？他到底对你说了些什么呢？"

家长最好对孩子就上一次或他印象最深的一次被欺负的经历进行提问。因为孩子对这件事情的记忆尤为深刻，家长可以得到最近发生的、有具体细节的答案。

家长听到孩子的回答后，会意识到他被他人欺凌、嘲笑时是多么孤单。作为治疗师，我对您的痛苦感同身受；但您应该做好心理准备，不要表露自己的难过；因为孩子如果感到您的悲伤，就会回避不谈或淡化某些事实，这对打造"反抗之箭"是极为不利的。

接受孩子的情绪

悲伤

尽管这是显而易见的事实，但再提一次也不为过：悲伤经常笼罩在被欺负的孩子身上。他们试着不在施凌者的面前露出悲伤的一面（与此对应的心态是"我不会让他得逞"）；有时因为不想让父母担忧或插手，他们在父母面前也收起了难过的情绪。很显然，如此一来，悲伤会越来越难以消解。我接待的孩子有时就会因为太难过而止不住地抽泣。

所以，父母在对待被欺负的孩子时必须十分小心。当孩子开始流泪时，父母可以对他说："孩子，哭吧。你应该好好哭一场，你遭遇了这么难过的事情，怎么能不大哭一场发泄一下呢？到我的怀里好好哭一场吧。"

一旦孩子释放了自己的悲伤并得到了安慰，父母就可以着手准备打造"反抗之箭"了。

恐惧

另一种阻碍被欺负的孩子找父母帮忙打造"反抗之箭"的情绪是恐惧。恐惧产生于这样的情境中：欺凌永远不会停止，施凌者小团体带来的羞辱难以抹去。要想顺利打造出"反抗之箭"，父母必须认真对待孩子的恐惧。

1. 首先，父母要放大孩子的恐惧，但是要将恐惧置于恰当的位置：孩子应该对继续当前（任凭自己被欺负）的行为感到恐惧。

比如，父母可以对孩子说："我知道你担心他们会一直欺负你。无论怎样，我们可以确定的一件事是如果你继续保持你几个月来或几年来的做法，那么他们真的会一直欺负你。他们甚至还会变得更加残忍，因为他们至今还没有付出任何代价。"

对敏感且慈爱的父母来说，这段话很难说出口，但它能缓解恐惧给孩子带来的痛苦，并且让孩子明白回避恐惧是徒劳且毫无用处的。之后，父母就可以告诉孩子他应该怎么做才能改变事态。

重要的是父母要让孩子明白，当他回避恐惧时，它就会扩大，变得越来越令人难以承受，就像我对阿梅莉（她的泳装照片在社交网络上流传）所做的那样——阿梅莉用她的亲身经历验证了这一点。在意识到这一点后，回避就变得令人生厌了。为了减少阿梅莉的恐惧，我需要帮她做出 180° 转变。**我不会向她保证，射出"反抗之箭"后她便可以一劳永逸。**恰恰相反，我会告诉她，驯服恐惧会让她以不同的方式看待问题。我经常对心存恐惧的来访者说："一旦你跨越了'恐惧之河'，来到了对岸，你就会以不同的眼光看待过去的情况。"承认恐惧并跟随恐惧去它想带领我们去的地方，反而会让我们平静下来；因为一旦我们正视了最可怕的噩梦，它就变得不那么可怕了。

在阿梅莉的案例中，如果我不把她的恐惧推到极点，阿梅莉就会一直淹没在恐惧中，并且无法回到学校并最终射出她的"箭"。因此，在某一次治疗中，为了让阿梅莉了解她的恐惧，我准确而详细地描述了她认为最可怕的噩梦中的场景：她独自坐在长椅上，假装正在发短信。

父母应该不惜一切代价忍住做他们出于本能而想做的事情，即安抚孩子"如果你按我说的做，一切都会变好"或"别瞎想了，如果真是那样，就没有人会来见你"。父母以这种方式安抚一个像阿梅莉一样内心充满恐惧的孩子，实际上是回避他的恐惧，不听他想说的话，孩子会因此更加恐惧。父母正确的做法是：不回避孩子的恐惧（回避恐惧反而会扩大恐惧），而把恐惧放在关键的战略位置上；**利用孩子的焦虑和恐慌，让他看清曾经无数次的试图调解只会让他和施凌者的关系结构僵化或让问题变得更加严重**。换句话说，孩子经常有以下的做法：

- 放弃尝试反抗并等待欺凌事件过去（可能还会小声求饶）。

玛农的情况就是这样。我告诉她，欺凌会继续，因为她不反抗，所以即使换了学校，那里也有另一个卡西奥佩欺负她。

巴斯蒂安的情况也是如此。我告诉他，嘲笑他的同学没有得到任何惩罚，他们很凶，力气也很大——他因此很担心这种情况会一直持续下去。

被三个高年级学生打的多里安也是如此。我向他指出，他所做的"像《小淘气尼古拉》中的阿南那样摘下眼镜，等着殴打结束"根本不能解决问题，因为在下一次课间休息时，他很有可能再次被打。

• 不去想可能发生的事情，并回避引起焦虑的事情。

这就是阿梅莉的做法。我预估如果她不直面恐惧，她就会失去所有社交活动，因为如果她远程学习，她就不会再有任何朋友。

• 因一些荒唐可笑的小事而情绪失控。

这就是杰瑞米遇到的情况。除了辱骂他的哥哥，他没有别的反击方式。我向他强调，正是他的情绪失控放大了问题。当我让他向我复述那些自相残杀的脏话时，我说了这句话："他看到你恼羞成怒会很高兴。"这句话的重点不是让孩子感到内疚，而是向他指出什么做法是无效的。

极其有趣的是，恰恰是在我揭露出试图调解明显一点儿用都没有时，孩子们才会问："好吧，那我还能做什么？"

父母应该懂得，当孩子提出这个问题时，孩子已经成功了一半甚至更多：孩子已经改变了他对问题的看法，他觉得自己可以对欺凌事件产生影响。

2. 不要安慰孩子射出"反抗之箭"后不会发生糟糕的事情，而是要再次让他直面射出"箭"后可能产生的恐惧。

事实上，虽然每个案例的具体情况有所不同，但是孩子们都会或多或少地对将自己的行为"翻转180°"感到焦虑。

当父母向他们提出这条建议时，一些孩子会突然大笑起来，或者把"反抗之箭"弄得更锋利；而另一些孩子则会露出怀疑的神色——这种怀疑无可厚非，但在关键时刻可能起反作用。因此，父母必须通过向孩子解释这支"箭"的用途来打消他的疑虑。

例如，父母可以说："如果你这样回复他，那下次他会怎么骂你？他会怎么回答？"

"他会说我在胡说八道。"

"假设他真的这么说了。你就紧紧拉着'箭'，以另一种形式再次反击他的辱骂。那时候他会对你说什么呢？"

"嗯……他会发火，然后对我动手。"

"我们想象他真的那样做了。之后，你就再次射出你手里的'反抗之箭'说：'你被我气到了吗？'"

"这样的话，我觉得他可就招架不住了。"

"没错，我想是的。无论如何，这值得一试。"

对非常害羞和焦虑的孩子来说，排演这个小舞台剧很关键（我有时一天会排演十多次）。父母应该根据自己从孩子那里得来的信息扮演无恶不作的施凌学生，这样才能让角色更加可信。这个角色并不好演，但这个小舞台剧可以为你和孩子创造真正的亲密时光。

愤怒

矛盾的是，受凌者在面对施凌者时并不会表达出自己的愤怒，但愤怒本可以作为受凌者反抗的动力。事实上，恐惧和忧伤是脆弱的被欺负的孩子感受到的最强烈的两种情绪，这两种压倒性的情绪抑制了愤怒。

让我们特别受启发的是，当孩子驯服了自己的恐惧和悲伤，他就会自然而然感受到心中的愤怒，这种怒气是有益的，因为它会让反抗更加有效。**但我想特别提醒父母，不要因为自己心中充满了怒火而激怒孩子，否则只会有害无益。**

来找我咨询的小姑娘莉莉几年来经常被班上的一个男孩叫

作胖子，我和她很快就熟络了起来。有一天，她看我一个人烦闷地在椅子上坐着，我满脸困惑地小声埋怨着。于是，她走过来对我说："其实，我只是想让他别再叫我胖子，你别太担心了。"她就这样聪明地让我的注意力重新回到她想解决的需求上了。如果连我都可能犯这种情绪上的错误，那么父母就更容易落入这种情绪的陷阱了。

如果受凌学生没有将愤怒发泄到施凌学生身上，那么他就很有可能将火发泄到了那些不遵守校园规则，因而加剧了问题的成年人或学校上。多里安就是这么想的，他埋怨他的妈妈和学校里的校长顾问，尽管这两位大人都是一片好心。受凌儿童的愤怒可能殃及家长，因为父母也是"什么都不懂的大人"中的一员。这种愤怒会对父母帮助孩子的过程产生反作用，阻碍这一过程。

所以，为了平息怒火，孩子必须像驯服恐惧一样驯服愤怒。

多里安对他的母亲积怨很深，这位母亲陷入了深深的焦虑和悲伤中。并且，在某种程度上来说，本该在解决校园欺凌过程中发挥巨大作用的母子关系也被破坏了。我将帮助多里安驯服他的怒气。

我曾经两次在激怒多里安后，对他说我知道他母亲办事情欠缺考虑。我这样说足以让多里安开始为他母亲辩护，而这恰恰是我想要的效果，即：让他知道我不是那些不尊重校园规则的大人（尽管他的表哥已经告诉他了，但眼见为实更能让人信服）；减少他对母亲的愤怒。这样才能让多里安的母亲和我一起帮助多里安打造他的"反抗之箭"，再次获得作为母亲的价值感。

其实，就像处理悲伤情绪一样，只有驯服甚至放大愤怒，而不是试图控制它，才能让它消退。作为帮助孩子打造"反抗之箭"的父母，你需要采取的态度类似于我前面详述的180°转变。并且，你还需要进一步放大和呈现你的态度，例如，你可以这样说："我讨厌我自己，因为我在无意的情况下让事情变得更糟了。我真的对自己很生气。"

对父母来说，用语言将情绪表达出来是非常有益的，因为这么做就是把内心模糊的感受转换成了清晰的话语；对孩子来说也是有益的，因为他们无须为了让自己的想法被听见而大费周折。

第十三章

开始行动：改变一切的"反抗之箭"

是"停止之箭"，不是"攻击之箭"

在家长交流会上，我很多次都不小心触犯了某些老师或家长的原则。尤其是以下这两条流传甚广的原则：

- 我们不用以暴制暴。

- 施凌者可能遭遇了不幸，我们应该帮助他而不是和他对抗。

在我看来，这两条慷慨的原则有可能与它们的初衷（即和平与和谐）背道而驰。事实上，它们间接地表明，被欺负的孩子应该继续什么都不做。但是，正如我们所看到的，如果不在这段互补型的欺凌关系中加入对称性行为，施凌者仍会继续使用暴力甚至升级暴力。

就第一个原则而言，我们如果对被欺负的孩子说"不要回应欺负你的孩子，你要置身事外，假装没听见"，就相当于不自觉地让他陷入更深的恶性循环中。因为施凌者即使面对着那些受过很多苦，并且已经给自己建造了一层消极的保护壳的孩子们，也能看出来欺凌行为对这些孩子的伤害很大，正如玛农向我们解释的："如果我不哭，她就继续欺负我，直到把我逼哭；即使我逃去厕所，她也知道我是为了去厕所哭。"

我们要求孩子假装听不见，会使孩子承受更多的暴力，并且让孩子也成为暴力行为增多的"贡献者"之一。对那些提倡和平、和谐的人来说，这是一个矛盾的结果！

此外，我必须指出，我一直反复提及的"反抗之箭"只有在孩子受到攻击时才会起作用。因为它的首要特点是把对方的攻击转换成"回旋镖"而反作用于对方身上。因此，这支"箭"既没有攻击性也不暴力，它只是一种灵活的、起防御作用的语言技巧，是一种自卫的形式。比如，我会对孩子说："下次他（她或群体）来找你，叫你胖子、瘸子、书呆子时，我建议你用他们骂你的方式回应。"

孩子这样回应就意味着他不会以暴制暴，而是将暴力回敬给实施欺凌行为的个体或群体。

至于第二条原则，我认为让施凌学生承担欺凌的恶果对他们绝对是有利的。在我看来，学校一直让这些作恶的孩子沉浸在自己无所不能的幻觉中。更糟糕的是，正如我之前提到的，学校的道德教化和惩罚只会让施凌学生采用更加狡猾的手段欺凌弱势学生。学校的措施与其最初的目的截然相反，这对施凌学生的健康发展极为不利。

正如埃里克·德巴尔比厄在他 2011 年 3 月的调查中指出的："一个人如果在学生时代是欺凌者、虐待者，那么他在成年后就很可能陷入法律纠纷。挪威心理学家丹·奥维尤斯的一项研究显示，60% 的曾在学校欺凌其他学生的人，在 24 岁之前因犯罪被逮捕过至少一次。那些长期欺凌其他人的学生在长大之后似乎很难建立起积极的人际关系。"

无论是对施凌学生还是受凌学生来说，欺凌事件都是一段极为重要的情感经历，如果能得到妥善处理，那么它就会让学生明白没有什么关系是永恒不变的。

正如我之前提过的，只有纠正性的情感体验才能改变受凌学生对事情的看法，并让他相信自己能够改变和施凌学生的互动模式。

无论对受凌学生还是对施凌学生，以及在较小的程度上，对旁观的那些学生来说，当"反抗之箭"被真正射出后，他们的情绪和人际关系都发生了本质上的改变：互补型的关系结构增添了对称性，受凌学生也改变了他们对事情的看法。正如瓦茨拉威克经常说的："问题本身并不构成问题，是我们对它的看法产生了问题。"

- 一旦您把"反抗之箭"交到受凌学生手中，他就会改变自己固执的看法，将内心僵化的观念（对方很坏，我对此无能为力，只能忍受）转变为认识到自己可以利用对方的邪恶来改变这段关系。

- "反抗之箭"也改变了施凌学生。因为他意识到，从今往后，他那居高临下且富有攻击性的地位会威胁到他的人缘。而在此之前，情况正好相反，那种高高在上的地位会让他更受欢迎，因此让他感到安心。

"反抗之箭"也改变了学校的看法，学校不再认为施凌学生是无懈可击的了。

我坚信，仅仅是每个人的认知出现变化（在短短的几秒钟内认识到事情可能有转机），关系的平衡性就会得到持久地、极大地改变。这份情感体验对所有孩子来说都大有裨益：他们会认识到，即使自己受了很多苦，这段关系也是有可能改变的。这段经历将有助于他们成年后的个人生活、夫妻生活、家庭生活和职业生活：如果他们相信自己的强大或软弱是与生俱来的，那么他们就会被现实残酷地打击或变得低声下气；如果他们相信每段关系都是可以灵活变通的，那么很多复杂的事情都会迎刃而解。

如何巩固关系结构的变化？

虽然受凌儿童在掌握反抗方法后，积极效果会像滚雪球一样逐渐呈现出来，欺凌事件也会得到解决；但在事后，你必须带领孩子复盘，以巩固他的学习成果，并让他将这些成果内化为习得的人际交往知识。

孩子已经在情感层面得到了锻炼，现在他必须在大脑层面消化知识。"反抗之箭"的打造和"射出"都是为了让孩子不过度反省（像小蜈蚣那样），而是采取行动（像射击运动员那样专注于自己的动作）。这就是为什么我不会在孩子经历情感体验之前向他解释其中的基本机制。我认为，孩子必须在事后反思自己在这段关系中的行为，只有这样他才能学会在以后的生活中应对类似的事情。

家长不应该在"反抗之箭"造好之后焦虑地追着孩子问"射箭"了没有，是否有效果；而是应该等着孩子主动告诉家长事情的进展。在复盘时，家长的倾听会令孩子感到愉快，家长向孩子提的问题也应该尽可能地具体一些，这样孩子才能将他的行为一五一十地说出来。

欺凌停止后应该做些什么呢？

如果受到欺负的孩子在射出"反抗之箭"后收到了立竿见影的效果，那么家长应该赞扬他的勇气；如果孩子改进了"反抗之箭"，那么家长应该表扬他具有创造力；家长还应该让孩子描述欺凌他的学生的外貌特征，这样才能在这两个孩子之间建立联系，改进孩子的应对方法。

有时候，孩子还没有"射出反抗之箭"欺凌就停止了。在我们记录的所有案例中，50%的案例都是这种情况（在小学生中，这个比例会更高："反抗之箭"在小学生中有极大的魔力，对受凌学生来说，仅仅在"箭在弦上"时，施凌学生就发生了脱胎换骨的变化）。有时，只要受凌学生的态度稍微一变，施凌学生就会立马停止欺凌。我们可以清楚地看到：一名贴着墙脚走路、小心翼翼、胆战心惊而不敢与别人对视的学生和一名一改往常做法、不怕施凌学生继续欺凌自己而且急不可耐地"射出反抗之箭"的学生有着很大的区别。对第二名学生来说，施凌学生肯定不敢继续欺负他了。

家长应该巩固、反思这两类孩子之间的差别，并帮助孩子将这种差别转化为学习成果。为此，我建议家长向孩子提一个问题，这个问题可能看上去有些奇怪，但它能够让孩子的新行为落地生根、长久发展下去，并且会巩固孩子建立起的自己在欺凌事件中的主体意识。

这个问题是："如果某一天，你心血来潮地想回到你没有'射出反抗之箭'时的那段日子，你会怎么做呢？"

孩子们并不喜欢这个奇怪的问题，也不想重温被欺凌的经历。但他们必须在脑子里想一下这个问题，只有这样，他们才能彻底抛弃曾经那些无效的试图调解。他们可能这样回答：

——"我可能躲着他们。"

——"我可能不吭声。"

——"我可能哭。"

——"我大概会静静等待事情过去。"

——"我也许会告诉老师。"

——"我可能冲他们发火。"

此时，家长应该对孩子说："如果你这样做，你的不幸又要开始了。"这样孩子就会回想到自己之前那些失败的措施，从而进一步记住自己应该采取的措施。家长还需要告诉孩子："无论怎样，最重要的是，你的'箭袋'里永远放着一支'反抗之箭'，并且你应该在需要帮助的时候考虑向他人求助。如果再次出现那样的情况并且你愿意找我，我就在你身后。"

如果欺凌没有停止该怎么办呢？

有时，孩子会因为害怕而不敢射出"反抗之箭"或局势会因为孩子"射箭"的动作十分笨拙进一步僵化。

　　针对这两种情况，家长必须要把失败揽在自己身上，应该告诉孩子是因为"箭"没有造好，或"射箭"的动作不够熟练才导致情况没有好转。家长应该努力打造另一支"箭"，或像我提到的那样，与孩子一起设想"射出"这支"箭"的后果（通过角色扮演），并对孩子说："我明白你是因为我们之前没有充分探讨'射箭'的风险，所以才不敢'射'出去的。"

第十四章

不完美的改变

在本章开始前，我必须说明：没有完美的变化。我必须承认，校园欺凌的平息会给家庭带来极大的宽慰，但也会不可避免地改变家庭内部的沟通模式。你必须对此有所准备，否则这可能对你的生活造成冲击。

作为一名医生，我知道来访的孩子们一般处于巨大的痛苦之中，认为痛苦消失之后一切难题就会迎刃而解；而家长们坚信只要自己的孩子摆脱了恐惧症、强迫症、抑郁症、人际关系问题、对某种物质或行为上瘾、校园欺凌后，孩子便会过上顺风顺水的生活。

然而，痛苦消失后的一系列后果远没有想象中的那么美好，其中必然好坏参半。

以那些患恐惧症的儿童为例。这些儿童都是具有"破坏性"

的儿童，他们的恐惧症一旦发作，周围的所有人都必须努力防止孩子被恐惧吞没，所以他们的家长会尽可能让他们避免遭遇容易引发恐惧症的事件。由于精神长期保持高度紧张，这些家长来就诊时往往看上去筋疲力尽，并对孩子的恐惧症感到难过和担忧。他们告诉自己："如果孩子不再那么害怕某些事物，所有人都会好过很多。"这话有一定的道理。但如果这样，孩子就会显露出那些一直被恐惧压制的、从未有机会表现的态度。

人们绝不会想到患恐惧症的儿童会出现自我的、叛逆的态度：一般情况下，这类孩子都会不加反抗地顺从大人的要求或命令（当他没有预料到大人的想法时，他只能默默接受命令），只有这样，这类孩子才能确保他周围的大人会在他恐惧症发作的时候安抚他。

患恐惧症的儿童往往非常守时、严谨和遵守秩序。然而，一旦他们的焦虑消失，这些孩子就不会这么温顺了。而且，这类孩子与周围大人的关系也会因此恶化——因为原本"顺从"的孩子变得不那么"听话"了。有恐惧症的孩子是非常聪明的，摆脱恐惧症的孩子完全有可能成为一个令所有人吃惊的叛逆者。

被欺负的孩子的情况也与之类似，只是有一些细微的差别。

一个名为卡斯帕的孩子就是这样：他被送到我这里时状态非常糟糕，这个男孩不愿开口说话，因为他的鼻音让他经常被学校里的同学狠狠嘲笑。当卡斯帕在初三来找我的时候，他完全封闭在自己的世界里，情绪低落，还出现了遗尿的症状。他只有一个和他一起在操场上玩游戏机的朋友；他还说，每次课间休息时，都有一群人围在他旁边窃窃私语并模仿他的声音。卡斯帕的母亲让他假装什么都没听到，他照做了。但是，结果是他在学校里已经不说话了，这反而证明了那些嘲笑的声音他听得有多清楚。

我给他提供了一支非常有力的"反抗之箭"，他勇敢地"射出"了这支"箭"：他主动靠近那个带头嘲笑他的同学，说："用不用我离你近一些，好让你更好地模仿我？"

从那之后，情况很快就好转了。卡斯帕不再一言不发，不再遗尿，并且有了新朋友。

之后我又见了他一次，但接下来的两年内都没有再听到他的消息了。

有一天中午，我在一家商店看到了他："卡斯帕，你怎么样，还好吗？"

"我很好，医生。我非常好。"

"你今天没有课吗？"

"本该有课的。但其实我已经被学校开除三天了，因为我成了班上的小丑。医生，其中也有你的责任。"离开前，他笑着对我说。

他看上去状态很好。我至今仍然不知道他妈妈对焦点解决短期疗法的效果有何看法。

当一个孩子不再是一只手足无措的待宰羔羊，并确定他可以对事情产生影响时，他显然想要测试他的新能力。所以，他会大胆地做出以前从来不敢做的事情。家长的心会再一次紧张起来，但这次的原因与之前不同……

现在，您有足够的能力为正在遭受欺凌的孩子定制"反抗之箭"。您可以利用本书开头介绍的案例进行练习：对应的解决方案写在后文中。

第十五章

蓄满力量的"反抗之箭"

勇敢的巴斯蒂安

"所以，你越是不做什么，他们就越是找你麻烦。你同意我的观点吗？"

"我同意。"

"如果我不给你父亲提供一个解决方案，他可能就会冲到学校里大吵一架，让你更难堪？"

"是的。"

"我也同意你的观点。同时，对你来说，你如果做出反击，可能使情况变得更糟？"

"是的。"

"好吧。我要提出一个有点奇怪的建议：你去担任那个群的群主怎么样？"

"什么？"

巴斯蒂安的同学们如此懦弱而残忍，他们的行为极大地激怒了我，也激发了我的创造力："你可以给班里的同学发一条信息，比如说：也许我是担任群主的最佳人选，因为我最有资格评出最好的帖子，因为我可以给你们提供很多我自己的照片，让这个精彩的小组不断壮大。针对那张把你和一头母猪拼在一起的照片，你可以说：'将最丑照片奖颁给劳拉。'对其他的信息，你可以说：'将最差拼写奖章颁给 X；为 Y 颁发最不好笑笑话奖。'你还可以对他们的工作产量做出评价：'大家今天状态不佳呀！只有 20 个帖子？你们也太弱了。要不要来张我的赘肉照片给你们鼓鼓劲？天呐，古怪的杰拉尔丁，你不要再发帖了，我真的很失望，每次看你写的那些驴唇不对马嘴的东西总能把我逗笑；X，你妈妈帮你改错别字了吧？现在每个单词只有两个字母写错，真是大有进步啊！'"

巴斯蒂安身体前倾，双臂挥舞，显然无法相信自己刚刚听到的内容。他问我："如果我按你说的做，他们真的会停止欺负我吗？"

"我的小伙子，我认为，即使他们不停止，情况也会发生根本性的变化，因为你不再是这段关系的受凌者，而是开始平等地参与这段关系。所以，你的痛苦肯定会减少，这是最重要的。同时，我确实认为，如果你非常严肃地做这件事并让他们听到你对自己的嘲讽，他们会停止欺凌行为的。因为你之前的毫不作为让他们兴奋不已，他们把你的软弱当作乐趣。而如果你肯主动出击，就相当于对他们说'继续吧，我喜欢这样'，他们欺负你的兴趣就会大大降低。"

"原来是这样，我明白你的意思了。但是，我爸爸肯定不会喜欢这个办法。"

我回答说："我会处理好的，我会和你父母谈几分钟。"

我对巴斯蒂安的父亲说："孩子爸爸，我想给这帮孩子一个教训。但我想让巴斯蒂安代替我教训他们，以此让他从这持续几年的恶性循环中走出来。一旦他做到了这一点，我们再思考学校和刑事诉讼的问题也不迟。我们应该让巴斯蒂安先完成他的任务，然后再走法律流程追究责任。如果顺序颠倒，就算惩罚了这些作恶的孩子们，巴斯蒂安仍然会在学校里被同学嘲弄和孤立，而且，他还会被称为告密者。当然，最终还是由您来决定顺序，我只是希望您能做出一个明智的选择。"

"假如我听从您的建议让巴斯蒂安先完成他的任务，他将做些什么？"

"您要相信孩子有能力很好地处理这件事情，这也是您爱孩子的表现。我将通过电子邮件与他保持日常联系，一起约定下周的咨询时间。届时，我们将看看情况有没有变化，然后再做关于刑事诉讼方面的打算。"

巴斯蒂安的父亲回答说："最多一个星期。"而他的妻子则松了一口气。

我边送他出门边说："我答应您，先生。"

巴斯蒂安第二天给我发电子邮件说，他在自己的社交平台账户上发布了各种各样关于自己的搞笑照片。两天后，那个嘲笑他的群解散了。

我在第二次咨询中热烈祝贺了他，他也为自己感到骄傲。然后我们一起开了一个关于体重的玩笑（"我虽然胖，但我可以减肥；而你呢，你的脑子不好用……这可不好办了。"），效果非常好。

巴斯蒂安并不希望提起刑事诉讼。几周后，他告诉他爸爸："爸爸，我觉得这会让我们之前的努力都白费。"

他的父母同意了他的观点。

玛农如何迎接小学三年级开学

我问玛农:"卡西奥佩在学校干了什么?"她没有说话,只是乐呵呵地盯着我的耳朵。于是我不再发问,而是抬起头盯着天花板,满脸疑惑。我开始动我的两只耳朵(在我看来,这是所有合格的儿童心理治疗师的必备技能),玛农惊呼:"耳朵动啦!你的耳朵会动!"

"这都什么时候了?"我咕哝着,"现在的仙女们可真是些小懒蛋……所以,仙女们,你们有什么招儿?"我又动起耳朵自问自答,"好吧,这真的行得通吗?你们说得轻松,反正又不用你们去干。"

然后,我又重新看向玛农:"仙女们都觉得你应该狠狠地嘲笑卡西奥佩,要不然她是不会停止欺负你的。但我觉得这对你来说有点儿难,你可能说不出这些挖苦人的话。我在想,如果你妈妈能同意,把你转到一所没有卡西奥佩的新学校难道不是更省力吗？"

"呃，我以前也是这么想的，但我现在改变主意了……"玛农可怜兮兮地说。

"问题是，如果我将这支对付卡西奥佩的'反抗之箭'交给你，而你没有'射出'它，那么这支'箭'就失去魔力了，我可不想白白浪费它。所以我不知道该不该冒险让你继续留在原来的学校里。"

"我发誓，我会说的！开学那天我一定会说的！"

"那好吧。"我叹着气说，"但你要知道，这完全是因为你太可爱了我才答应把'箭'给你的呦。仙女们是这么建议你的：如果卡西奥佩下次再说你长得丑，你最好等到索菲娅、格拉迪丝、贝雷妮丝等其他伙伴也在场，然后咬紧牙关，坚定地回击卡西奥佩：'没错，虽然我的脸蛋不美丽，但你的心烂到发臭！每次听你说话，我都快被熏死了！呸！'说完这番话后，你再捏着鼻子往后退几步。"

"哈哈哈我的天啊，她会被气死的！"玛农大笑着说。

"现在咱们来想一下，卡西奥佩会怎么回答你的这番话呢？"

"这个嘛，我也不知道。呃，她可能说：'胡说八道！你这个小癞蛤蟆！'"

"那你又该怎么接着反击呢？"

"这……我不知道……"玛农思考了几秒钟，笑容也僵住了。

"你可以更加用力地捏紧鼻子说：'天呐，卡西奥佩，你每次张口说话的气味都特别臭！'然后你再退后几步。"

"哦，我懂了！所以每次她对我说一些难听的话，我就说：'什么东西这么臭？原来是卡西奥佩张嘴说话了。'"

"太棒了！你学得真快，玛农！我很佩服！我知道这对你来说很难，毕竟这是一支超级长的'反抗之箭'。我数了一下，这支'箭'包含四句话，这可不短。玛农，你要多加练习了。你想好找谁一起练习了吗？

"最好是和妈妈一起。我让她演卡西奥佩，我来演自己。"

"没问题，但至少要练习 20 次，这样才能把'箭'快速地'射'出去，不会错过目标。"

"好的，我保证练习 20 次以上。"

"你在反击卡西奥佩时要仔细观察，这样你下次就可以告诉我发生的事情了，就像你看过一部电影要向我复述情节一样。"

"嗯嗯，我知道了。"

几分钟后，玛农对她母亲说："妈妈，我等不及要开学了，但我们得先准备一下。"这位母亲十分震惊。

我想再次重申我的观点：我要求被欺负的孩子去做的事情真的很难，我把他们放在了"维持现状"或"为克服巨大困难而努力"的两难境地中。父母看到这样的场面难免心疼。但是，如果你能够尊重孩子的意见，并对他说："有很多解决问题的办法，只要你愿意，事情就可以发生改变"，那么你和孩子就已经向成功迈出了非常大的一步。

玛农告诉我，在她费力地而且出人意料地射出"反抗之箭"后，卡西奥佩十分慌乱，然后结结巴巴地小声嘟囔了几句。玛农如愿以偿地用"反抗之箭"驱逐了敌人。卡西奥佩知道弱小的玛农这次是有备而来的了。卡西奥佩可怜兮兮地去找老师打报告，老师对她说，这件事没必要追究。

"我已经认不出我的女儿了。"她的母亲在第二次咨询结束时告诉我，"玛农已经找回生活的乐趣了。"

杰瑞米的狂笑声

"杰瑞米,你的'反抗之箭'必须在公开场合射出。他有没有当着女同学的面欺负过你?如果有,你'射箭'的时候最好有女同学在场。我知道这对你来说有点儿难。"

"有过,有一次阿加特看到我哥哥欺负我就对他说:'说实话,你有点儿过分了。'我哥哥有点儿尴尬,但他又马上说:'哦!女孩们的心头宝可得好好保护起来,真是个娘娘腔。'阿加特的话对他没有影响。"

"所以,你一定要选准'射箭'的时机,否则'射'歪就没有威力了,甚至还会让情况更糟。所以你'射箭'时至少要有三四个同学在场,而且一定要有一个女同学。如果你能再找几个你的朋友和你在一起,那就更好了。"

"我明白了。"

"然后你对他说:'反正我可不用给胡子脏脏的醉鬼做人工呼吸。'然后你边模仿他做人工呼吸的动作边说:'哦,宝贝,我喜欢你的胡子。'"

我的朋友兼助手阿琳当时在另一头的办公室里，她说她十年来从未听到过如此大的雷鸣般的笑声（我的诊所有个特点，那就是来咨询的孩子明明都受过心灵创伤，却能在这里爆发出热烈的笑声）。

杰瑞米在座位上笑得乱颤，他用手揪着裤子说："医生，你能帮我写下来吗？写下来行不行？要不然我就会忘记它……哈哈哈，笨蛋消防员。哦，这肯定能狠狠报复他！"

等他擦去笑出来的眼泪后，我继续说："从现在开始，每次他骂你，你就模仿他给胡子脏脏的醉鬼做人工呼吸的样子。"

"明白啦！我太期待这样做了！"

"最后，我建议你先多练几遍这些话，因为如果你结巴，你哥哥可是会变本加厉的！"

"没错，他会嘲笑我的结巴。但是别担心，我会对着镜子练习的。而且，明天早上我要告诉我的朋友，告诉他们：'兄弟们，今天来给我撑场子！'"

两个星期后，杰瑞米笑着告诉我："这招很管用，我哥哥满脸通红，阿加特和我的朋友们一样笑得很开心。晚上回家以后，我哥哥狠狠地揉了揉我的头，但从那时起，他就不在学校里找我麻烦了，所以我终于摆脱他的欺负了。"

草莓糖还是咆哮虎？

我对加布里埃尔和萨洛梅的老师说："您可以问加布里埃尔一个有趣的问题：'宝贝，你想变成什么样子呢？如果你继续当个草莓糖，萨洛梅就会一直咬你；如果你当一只咆哮虎，虽然对你来说有挑战，但她肯定不会再咬你了。'为了鼓励加布里埃尔下定决心，我建议您和您的同事进行角色扮演：

"第一幕是，加布里埃尔选择变成草莓糖，然后被萨洛梅咬了一大口，加布里埃尔手足无措地哭着。表演的过程中，一方面要突出加布里埃尔的柔弱和痛苦；另一方面要表现出萨洛梅咬人时的快乐。

"第二幕是，加布里埃尔选择变成咆哮虎。当扮演萨洛梅的人走近时，扮演加布里埃尔的人像老虎一样大声咆哮，露出牙齿和利爪。扮演加布里埃尔的人必须大声地吼叫，同时，扮演萨洛梅的人要表现出极大的恐惧并开始哭泣。

"角色扮演结束后，您要帮助加布里埃尔练习老虎的神态和吼叫。如果您觉得他的吼声太弱，无法震慑住萨洛梅，我建议您站在加布里埃尔旁边，只要爱咬人的萨洛梅一出现，您就和孩子一起吼。要尽量夸张地吼叫，只有这样才能吓到萨洛梅。

"这个新方法可能使这两个孩子的父母舒一口气。而且，这个方法还将扭转父母们认为加布里埃尔只是个脆弱的受凌者的想法。父母也可以在家里和他多谈论扮演老虎的事情来增加孩子的信心。"

这位和蔼的幼儿园园长问我："这的确是一个我们之前没有想到的解决方案，这个办法似乎很合理。但是，您不觉得这可能给萨洛梅带来伤害吗？"[①]

"她也许会受到伤害，但我认为，因为伤害别人而受到创伤，是一件很公平的事情。萨洛梅越早懂得这个道理，就越能尽快适应这里，适应之后在幼儿园的生活。对加布里埃尔来说，您教会他如何面对残酷的世界，这会让他受益终身的。"

---

① 矛盾的是，没有人觉得萨洛梅会因每天回家被父母惩罚而受到伤害；但他们认为稍微大声的尖叫会给她带来创伤。——作者注

即便经过训练，加布里埃尔仍无法大声吼叫。第二天，幼儿园园长与四位家长交谈之后，向加布里埃尔解释了他一会儿要做的事情，并让他坐在一张小沙发上；然后园长和另外一位老师偷偷躲在沙发后面。萨洛梅朝这边走了过来，停在了路中间，看起来很担心。加布里埃尔奇怪地笑着。萨洛梅难以抵挡加布里埃尔脸蛋的诱惑，于是她又往前走近了一些。就在这时，三声怒吼（分别来自园长的、另一位老师的和加布里埃尔的，好在加布里埃尔的怒吼没有太虚弱）一并发出，萨洛梅慌忙跳到了一旁。在那之后，她再也没有咬加布里埃尔的脸蛋了。

阿梅莉的电影

"想象有三个你不认识的同学走近并围住你，说：'辣妹，你把这张照片放到网上是什么意思？'"

"这太恐怖了，我敢肯定这就是我回学校要面对的事情。我甚至能想象出来那三个男孩是谁。"

"如果真的有这样的场景，你就眨着眼睛对他们大声说：'这就是一张普通的照片呀！赶紧写作业去吧，要不然你们妈妈可要发火了。'"

"但是……如果他们起哄了呢？"

"如果他们不相信你呢？"

"嗯。"

"你会怎么回答，阿梅莉？"

"没错，我大概可以尝试各种风格。"

"把大概可以去掉。"

"我感觉我说不出口。这太……"

"和你平时的样子太不一样了。其实，这就像个角色扮演游戏。而且，我根本没有要求你和学校里的同学说这些话，因为你还没有做好返校的准备。我现在对你的要求就是克服恐惧，每天花 15 分钟，在家里找个最有安全感的地方坐下，然后想象我们刚刚说的可怕情景，你如果愿意，就可以发射'反抗之箭'进行反击。最重要的是，你可以很自然地在脑海中想象这个场景，我们可以把这个场景叫作'阿梅莉被取笑，失去了所有的朋友'。你每天都花 15 分钟来想象这个场景，不要试图安慰自己，因为这相当于压制自己的恐惧，到最后恐惧只会重新出现。

一周后你再来找我。"

"但我应该尽快返校，我在家快三周了，不能再拖了。"

"不，不许返校，你还没做好准备。连你自己都说你无法应对最坏的情况。所以，咱们只能等几周看看情况，这几周已经是比较乐观的预估了。"

"不行，我等不了那么久，我得抓紧回学校。看来我得赶紧回家练习一下了。"阿梅莉说完这番话，我们两个都笑了。

阿梅莉没听取我的建议，第二天就回到了学校。不过，在前一天晚上，她在卧室里把最糟糕的场景在脑海里过了一遍，直面了自己的恐惧。接下来的一周，她告诉我，没有人议论她的泳装照片，但就算有人评头论足，她也做好了心理准备。她对我说："我随身带着'反抗之箭'，当我想到它时，我感觉自己充满了力量。"

多里安的力量

"我觉得作战时知己知彼才能百战百胜，你不觉得吗？"

多里安回答道："你应该知道我不是作战专家。"

我微笑着说："这就是为什么你需要经验丰富的军师为你出谋划策。我认为，对这些处于青春期的男生来说，他们的口语表达方式还不太完善，他们最怕被别人当成小姑娘，而且这也是他们最喜欢的侮辱别人的词汇之一。"

"也许你说得有道理。"

"谢谢你的肯定。你现在可以告诉我了，谁是团体的头头？"

多里安毫不犹豫地回答："是迪伦，其他同学不过是看热闹。"

"我正在思考怎么让他们嘲笑迪伦。这应该是可行的。上次校长顾问威胁要实行集体惩罚后，他们到底对你说了什么？我很抱歉又让你想起这些伤心事，但为了准确又迅速地解决这个问题，我需要了解他们到底对你说了什么。"

"他们没有新花招，还是老样子。迪伦先用眼神四处搜寻我，他后面跟着两个小弟。看到我之后，他们就走近我，慢慢地把我推到学校的一个角落。不了解情况的同学根本看不出来他们在欺负我。有时候，了解情况的我的朋友走过去对他们说'别欺负他了，赶紧停下吧'，他们就会恶狠狠地走近我的朋友。

我的朋友被他们的气势压倒了，害怕地走开了，我非常理解。然后，他们就把我逼到了体育馆附近——那时没有大人会经过这里——他们说我是'小姑娘'，然后拍我的头，绊倒我，把我书包里的东西全都倒出来。迪伦用他的上半身把我的头抵在墙上，如果我哭了，他们就会特别得意地说：'我的天呐，可把这个"小姑娘"疼坏了，看他哭哭唧唧的。'后来打铃了，他们最后扇了我一巴掌就离开了。有时他们会偷我的东西，但不拿太贵重的东西。除了有一次拿走了我的手机，最后可能因为害怕，他们也还给我了，但那个月的流量套餐都被他们用光了。"

"他们还欺负别的同学吗？"

"是的。还有一个看起来超级紧张的初一学生也经常被他们欺负，他在学校里总是低着头不走直线。迪伦他们就站在路中间，故意让他摔倒。因为他们觉得这个初一男生像个机器人一样站起来继续走很搞笑。我看到这个男生在哭，我也很难受，但我无能为力，我连自己都没法儿保护。"

"你的反击时刻马上就要来了，如果下次他们再叫你'小姑娘'，你就说：'这么说让你很兴奋吗？你是爱上了我还是怎么回事？'你觉得你这样回答怎么样？"

"他会揪着我的衣领把我摔到墙上，然后说：'你再说一遍，小姑娘？'"

"你就说：'你一直想碰我，有些人说你喜欢我……'你觉得这个回答怎么样？"

"我觉得他会很生气。"

"没错。如果他要打你一巴掌或推你一下，你可以继续说：'看来你确实喜欢我。难道不是吗？'"

多里安想了一分钟后说："如果我一直这么说，过一会儿他就会无话可说，然后露出愚蠢的表情。但我有点儿担心他被逼急了之后会做出更恐怖的事情，因为他很暴力，他会不会恼羞成怒做出吓人的事情？"

"这番话确实需要勇气才能说出口，我知道你第一次难以把这番话说出来。我更倾向把这番话看作一种投资。如果迪伦再来骚扰你，你就假装张开双臂，尽可能大声地喊：'我也很想你。'这番话足以让他远离你。如果他还是不离开，你就假装要亲他。但你要明白，从那时起，迪伦可能做出一些我们预料不到的事情，你就必须承担风险了。这真的很难，我自己可能都做不到。我建议你不要立马行动，可以先和你的朋友交流一下，看看他们怎么说，然后给自己一个星期的时间考虑，下次我们见面时你再做决定。"

多里安回答说："我不想再等了，我想现在是时候改变策略了。我明天就行动，我实在是受够他们了。"

可能是因为多里安的策略有效果，迪伦十天后才回来骚扰他。他像往常一样走过来，多里安转向他的朋友们说："我来给你们介绍一下迪伦，离开了我他就活不下去了，所以他经常在课间的时候来找我。"然后多里安转向迪伦说："迪伦，你来了？"

迪伦满脸通红，他的拳头从口袋里掏出、放回又掏出，然后转身走了。他的两个小弟也灰溜溜地跟着他走了。

多里安在最后一次见面时告诉我："军师，你的战略彻底改变了我的生活。"

结　语

　　我们是容易感到焦虑的父母，更准确地说，我们是容易被动焦虑的父母。如今的社会环境迫使我们拿着放大镜仔细审查孩子身上可能存在的各种"不足"，诸如体重、成绩或他们参加的生日派对数量。

　　这种忧虑夹杂着无限的爱意，促使父母以一种动物保护幼崽的方式让孩子躲在自己身后远离这个世界。父母就这样阻止了孩子与世界的直接交流，剥夺了他们锻炼自己能力的机会，因此孩子出现越来越多的"不足"，越来越脆弱、不堪一击、束手无策。

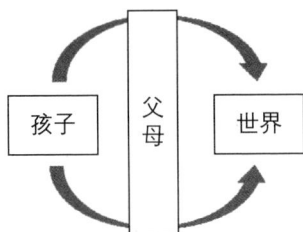

父母阻隔在孩子和世界之间

当然，我并非建议父母完全不管孩子，而是建议父母对他们说："我永远可以帮你解答困惑，帮助你独立成长。但我不会代替你做你应该做的事，因为这意味着我不信任你。"这就是我所说的陪伴在他们身边的方式。

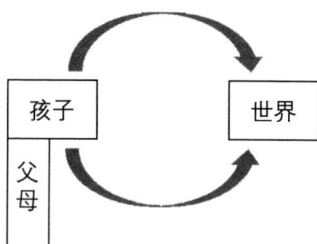

父母陪在孩子身边

校园欺凌会让父母感觉自己的孩子不仅没有被别人爱，还被别人虐待，这尤其会使父母忧虑并激发出保护孩子的冲动。然而，童年世界对大人来说已经是一个完全陌生的世界了。

保护式父母（最终使孩子更加脆弱）和放养式父母（让手足无措的孩子独自面对欺凌事件）往往只有一念之差。本书的目的在于帮助父母不陷入这两种极端情况，在处理校园欺凌事件时采取以孩子为主体的、平和的态度。

与我共事的一些老师们也支持这种态度，而且他们相信弱势儿童有能力改变事态。

让我们打个赌，如果我们将之前处理校园欺凌的方式进行180° 转变，那些施凌的孩子们就不会再相信他们是全能的，而受凌的孩子们也不会再相信他们脆弱得不堪一击。

这也是我的愿望。

致　谢

感谢丹尼·格比内，这位满腹牢骚的小老头向我传授了很多工作经验。感谢我的编辑盖尔·方丹，她的微笑饱含热情与严谨，在我的写作过程中极大地激励了我。感谢阿梅莉，她不止一次地凭借自己的勇气和创造力打造并"射出"反抗之箭。感谢朱丽叶，她敏锐而富有智慧地帮助我定义了"人缘"的概念。感谢我的得力助手娜塔莉·古戎，她一如既往地不怕我的火爆脾气而多次向我求证书中的疑点，是她让本书变得条理清晰。感谢我的丈夫，他总是对我的工作给予最大的认可。